Niedan-Feichtinger · Feichtinger
Schüßler-Beauty

Susana Niedan-Feichtinger
Thomas Feichtinger

Schüßler-
Beauty

**Strahlend schön
und gepflegt
von Kopf bis Fuß**

Haug

Bibliografische Information der Deutschen Bibliothek
Die Deutsche Bibliothek verzeichnet diese Publikation in der Deutschen
Nationalbibliografie; detaillierte bibliografische Daten sind im Internet
über http://dnb.ddb.de abrufbar

© 2004 Karl F. Haug Verlag in MVS Medizinverlage Stuttgart GmbH & Co. KG.,
Postfach 30 05 04, 70445 Stuttgart

Das Werk ist urheberrechtlich geschützt. Nachdruck, Übersetzung, Entnahme
von Abbildungen, Wiedergabe auf photomechanischem oder ähnlichem Wege, Speicherung in DV-Systemen oder auf elektronischen Datenträgern sowie
die Bereitstellung der Inhalte im Internet oder anderen Kommunikations-
diensten ist ohne vorherige schriftliche Genehmigung des Verlages auch bei
nur auszugsweiser Verwertung strafbar.

Die Ratschläge und Empfehlungen dieses Buches wurden von Autor und Verlag nach bestem Wissen und Gewissen erarbeitet und sorgfältig geprüft. Dennoch kann eine Garantie nicht übernommen werden. Eine Haftung des Autors,
des Verlages oder seiner Beauftragten für Personen-, Sach- oder Vermögens-
schäden ist ausgeschlossen.

Sofern in diesem Buch eingetragene Warenzeichen, Handelsnamen und Ge-
brauchsnamen verwendet werden, auch wenn diese nicht als solche gekennzeichnet sind, gelten die entsprechenden Schutzbestimmungen.

Lektorat: Dr. Elvira Weißmann-Orzlowski
Bearbeitung: Barbara Imgrund
Abbildungen Innenteil: Mauritius: S. 21, 96, 98, 100, 103, 106, 108; ZEFA: S. 8, 14, 17,
30, 35, 42, 44, 52, 58, 60, 63, 65, 69, 73, 78, 88.
Umschlagfotos vorn und hinten: Corbis
Umschlaggestaltung und Layout: CYCLUS · Visuelle Kommunikation
Satz: CYCLUS · Media Produktion
Druck und Verarbeitung: Westermann Druck Zwickau GmbH

ISBN 3-8304-2169-9   1 2 3 4 5

Natürliche Schönheit 8

Bin ich schön? 10

Kosmetik und Gesundheit 11

Schönheit kommt von innen 12

Körpergerechte Stoffe –
Betriebsstoffe – Mineralstoffe 13

Zutaten, die gut tun 15

Pflege macht schön 18

Altersgemäße Pflege 18

Schlafen Sie schön! 19

Schüßler äußerlich 21

Unsere Haut: Kontaktorgan zur Umwelt 21

Die Aufgaben der Haut
im Zusammenhang mit den
einzelnen Mineralstoffen 22

Die äußere Anwendung 24

Die Haut 30

Alles Gute für Ihre Haut 32

Wasser und Fett 32

Die einzelnen Hauttypen 34

Essen Sie sich schön! 39

Bewegung macht schön 40

Das Gesicht 42
Spiegel der Seele 44
Die Antlitzanalyse 44
Die Gesichtsreinigung 45
Die Gesichtsmassage 46
Welche Gesichtscreme
ist geeignet? 47
Die Nachtcreme 50
Pigmentflecken im Gesicht 51
Cremegel für unreine Haut 52
Gesichtskompressen und -masken
selbst herstellen 53
Die einzelnen Indikationen 54

Körperpflege 60
Pflege der Seele 62
Baden und Duschen 62
Sauna und Wellness 67
Bürstenmassage: Belebung der Haut 68
Die Pflege nach dem Bad 68
Die einzelnen Körperregionen 70

Haarpflege 86
Das Beste für Ihr Haar 88
Eine haarige Angelegenheit 88
Problemhaare 90

Anwendungen	92
Farbe im Haar	92
Die Kopfhaut	95

Sonnenbraun 96

Braun ohne Reue 98

Die Sonnenstrahlung auf der Erde	98
Sonne auf unserer Haut	99
Der richtige Hautschutz	101
Zu Risiken und Nebenwirkungen ...	104

Männer 108

Der tolle Mann 110

| Hautpflege für Herren | 110 |
| Pflege rund um den Sport | 111 |

Anhang 112

Hautpflege mit den Produkten der Adler Pharma	112
Entschlackung mit den Produkten der Adler Pharma	115
Mineralstoffe nach Dr. Schüßler als Cremegel oder Salbe: Indikationen	117
Glossar	119
Literatur	121
Register	122

Natürliche Schönheit — Bin ich schön?

Tipp

Info: Schönheit war schon immer gefragt – die Schönheit des ganzen Menschen.

Bin ich schön?

Jede Zeit hatte und hat ihr Schönheitsideal, und immer schon strebten die Menschen danach, ihm zu entsprechen, indem sie der eigenen Schönheit „nachhalfen". Dabei bestand stets eine gewisse Spannung zwischen der Auffassung von innerer und äußerer Schönheit.

Die Körper- und Schönheitspflege ist schon seit Jahrtausenden Bestandteil der menschlichen Kultur. So bemalten etwa bereits in prähistorischer Zeit die Frauen ihre Gesichter mit roter Farbe, wie Funde in Alicante und Lascaux beweisen. Aber erst das alte Ägypten könnte man als Wiege der Kosmetik bezeichnen: Hier schminken sich Frauen und Männer gleichermaßen Lippen und Wangen und zogen die Brauen nach, sie färbten sich die Augenlider mit Malachitpulver und die Haare mit Henna.

Die Unterscheidung zwischen Innerem und Äußerem des Menschen, wie es in unserer Zeit üblich ist, war der Antike fremd – so fremd wie eine strikte Trennung zwischen Medizin und Kosmetik. So sind in den berühmten medizinischen Werken der griechischen und römischen Antike eine Reihe von kosmetischen Zubereitungen zu finden. In der Zeit des aufstrebenden christlichen Abendlandes mit der von der Kirche propagierten Leibfeindlichkeit hingegen führte die Kosmetik ein Schattendasein. Erst im 14. Jahrhundert trennten sich Kosmetik und Dermatologie, sodass es ab dem ausgehenden Mittelalter und der anschließenden Renaissance zu einer neuen Blütezeit der Kosmetik kommen konnte. Von da an entwickelte sich die Kosmetik rasch weiter, und heute ist sie aus unserem Leben gar nicht mehr wegzudenken.

Kosmetik und Gesundheit

Der Zweck der Kosmetik liegt in der Pflege und Verschönerung des Menschen; seine Persönlichkeit zu verändern oder gar Alterungsprozesse aufzuheben, wird ihr jedoch nie gelingen. Kosmetik soll die Einmaligkeit jedes Menschen zur Geltung bringen, sodass seine wahre innere Schönheit zutage treten kann. Zudem steigert ein gepflegtes Äußeres Wohlbefinden und Selbstsicherheit und trägt auch zur Gesunderhaltung bei.

Heutzutage werden kosmetische Anwendungen immer mehr reglementiert und überprüft, um Schäden für die Gesundheit auszuschließen sowie Unverträglichkeiten und Hautreizungen zu vermeiden. Die kosmetischen Produkte müssen Verordnungen entsprechen und genau gekennzeichnet werden. Damit wird es gerade für die Anwender kosmetischer Produkte immer wichtiger, sich schlau zu machen und mit der Frage zu befassen: Was will ich meiner Haut zumuten?

Tipp

Achten Sie beim Kauf von Kosmetik auf Qualität und natürliche Inhaltsstoffe.

Dazu sind Sie übrigens nicht nur auf dem Gebiet der Kosmetik aufgerufen: Auch in der Ernährung, ja sogar in der Gesundheitspflege und Krankheitsvorsorge ist Information und Eigenverantwortung heute unumgänglich. Wenn Sie überlegen, wie sorgfältig Sie die Lebensmittel auswählen, die Sie und Ihre Familie zu sich nehmen wollen, dann liegt es nahe, dass Sie es mit den kosmetischen Mitteln ähnlich halten sollten. Viele Verbraucher sind vorsichtig geworden: Kosmetik hat heute im Normalfall kaum noch mit Natur zu tun, sondern ist weitgehend eine Sache der Technologie und Chemie, und vollmundige Werbeversprechen können nicht darüber hinwegtäuschen, dass bestimmte Inhaltsstoffe Allergien auslösen und andere unerwünschte Nebenwirkungen an der Tagesordnung sind.

So kommt es, dass immer mehr Frauen nach Alternativen suchen. Schließlich gab es schon seit den Anfängen eine Schönheitspflege, die den ganzen Menschen einband. Dabei spielten nicht nur einzelne Körperregionen, sondern vor allem die allgemeine Vitalität eine große Rolle. Denn sie spiegelt innere Spannkraft wider und Lebendigkeit, die nach außen einen strahlenden Menschen zeigt – einen Menschen mit natürlicher Schönheit.

Natürliche Schönheit   Bin ich schön?

Schönheit kommt von innen

Im Bemühen um eine ganzheitliche Schönheitspflege geht es immer darum, die Notwendigkeiten des ganzen Körpers zu berücksichtigen. Dabei kommt der Lebens- und Regenerationskraft des menschlichen Körpers eine ganz besondere Bedeutung zu.

Aus meinem Verständnis heraus, besonders auch aus dem Blickwinkel der Biochemie nach Dr. Schüßler, werden alle Bemühungen darauf abzielen, Schönheit mit den notwendigen Bau- und Betriebsstoffen von innen heraus zu erreichen. Hier bietet sich eine Schönheitspflege mit Kosmetik nach Dr. Schüßler geradezu an: Denn die Mineralstoffverbindungen, die Dr. Schüßler im 19. Jahrhundert fand (bekannt als Schüßler-Mineralsalze), sind im menschlichen Organismus für einen ungestörten Betrieb verantwortlich. Dr. Schüßler selbst hat sie als Funktionsmittel (Betriebsstoffe) bezeichnet.

Mein Tipp

„Für mich ist ein wesentlicher Bestandteil meines Lebens- und Wohlgefühls unbedingt mit meiner inneren Kraft, meinem Schlafpensum, der inneren Ausgeglichenheit und meiner Gesundheit allgemein verbunden."

Werden beispielsweise die Speicher im Körper mit den hoch verdünnten Schüßler-Mineralstoffen aufgefüllt, so zeigt sich das auch im Antlitz des Menschen: Es verjüngt sich ganz von selbst, und mit der Zeit verändert sich auch das Erscheinungsbild des Körpers insgesamt. Ein frisches, natürliches, junges Aussehen aber bringt wiederum eine ganz natürliche Schönheit mit sich. Gerade die so genannte Antlitzanalyse – die ja ein wichtiges Instrument zur Erkennung des Mineralstoffmangels in der Schüßler-Heilweise darstellt – führt uns besonders deutlich etwaige Mängel an Betriebsstoffen vor Augen. Indem wir diese Mineralstofflücken schließen, haben wir eine echte Chance, Schönheit mit Wohlgefühl und Gesundheit zu vereinen.

Tipp

Unsere erste Sorge wird immer dem Mangel gelten, unter dem der Körper leidet. Die hoch verdünnten Mineralstoffe nach Schüßler beheben nicht nur derartige Mangelzustände, sondern sind auch in der Lage, mittels einer einfachen Kosmetik natürliche Schönheit zu erzielen.

Körpergerechte Stoffe – Betriebsstoffe – Mineralstoffe

Durch unsere Lebensweise entstehen in unserem Körper häufig Mängel auf vielerlei Gebieten. Das Problem besteht darin, dass dem Körper häufig Ersatzstoffe angeboten werden. Es sind dies chemische, industriell erzeugte Stoffe, die im Vergleich zu den natürlichen, physiologischen Stoffen oft belastende, manchmal sogar nachteilige Wirkungen für den Körper mit sich bringen.

Natürliche Kost, natürliche Kosmetik

Natürliche Grundstoffe hingegen sind meist auch physiologisch gut verträglich und belasten weder Ihre Haut noch Ihren Körper, noch haben sie schädliche Auswirkungen auf unsere Umwelt. Wenn man das Beispiel der Vitamine ins Feld führt, so haben jene, die sich noch im natürlichen Verband mit den im Obst und Gemüse gleichzeitig vorkommenden Begleitstoffen befinden, einen höheren physiologischen Wert als die rein chemisch erzeugten.

Über die Schüßler-Kosmetik werden der Haut viele Stoffe zugeführt, die sie, sofern ihr alle Betriebsstoffe zur Verfügung stehen, auch selbst herstellen kann. Außerdem reguliert die Haut ihren Feuchtigkeitshaushalt selbst, wenn sie mit dem entsprechenden Betriebsstoff (Natrium chloratum Nr. 8) gut versorgt ist. Genauso verhält es sich mit dem Fettstoffhaushalt (Natrium phosphoricum Nr. 9), mit der natürlichen Pigmentierung (Kalium sulfuricum Nr. 6) und den anderen regulierbaren Prozessen in der Haut.

Der Bedarf des Körpers an Mineralstoffen – den Betriebsstoffen – wird natürlicherweise über die Nahrung gedeckt. Entsprechend vielfältig sind daher die Bemühungen der Menschen, sich mit natürlichen, biologischen Nahrungsmitteln zu versorgen, damit im Körper kein Mangel an wichtigen Stoffen entsteht.

Es liegt demnach auf der Hand, dass eine kosmetische Anwendung der Mineralstoffe eine Einnahme der Schüßler-Salze nicht ersetzen kann. Aus dem ganzheitlichen Ansatz heraus sollten Sie die Schüßler-Salze einnehmen und gleichzeitig auch auf eine ausreichende Zufuhr von Vitaminen, Vitalstoffen, essenziellen Fettsäuren und Spurenelementen achten.

Tipp

Bedenken Sie, dass alles, was Sie auf Ihre Haut auftragen, auch in die Haut eindringt: Die Forschung geht davon aus, dass bis zu 60 Prozent davon in Ihren Blutkreislauf gelangt. Deshalb sollten Sie sorgsam auswählen, womit Sie sich pflegen.

Natürliche Schönheit   Bin ich schön?

Vergessen Sie nicht: Schönheit entsteht im Zusammenspiel von Körperpflege, natürlicher Ernährung und körperlicher Bewegung. Denn alles hat seine Gewichtung und seinen Wert.

Die Regenerationsfähigkeit des Körpers

> **Tipp**
> Gut aufgefüllte Speicher sind der Garant für ein vitales Leben.

Stehen dem Organismus immer weniger Betriebsstoffe zur Verfügung, so beginnt er seinen Betrieb einzuschränken. Das wissen wir aus leidvoller Erfahrung, wenn die Haare an Glanz verlieren, die Nägel brüchig werden und die Haut sich in feine Runzeln legt oder gar Falten bildet.

Der menschliche Organismus ist ein ausgeklügeltes Speichersystem. Der Raubbau an der Gesundheit des Menschen durch ungesunde Ernährung oder Stress lässt Mineralstoffmängel entstehen, die sich erst dann bemerkbar machen, wenn die Speicher absinken. Welche Mängel sich so unbemerkt aufgebaut haben, lässt sich besonders deutlich am Gesicht ablesen: Es wirkt fahl, blass, müde. Und das ist nur die Spitze des Eisbergs.

Sind die Speicher so leer, dass sich „Betriebsstörungen", sprich Krankheiten einstellen, dann ist die schnelle Versorgung mit den fehlenden Mineralstoffen umso notwendiger. Der Organismus wird die Betriebs-

14

stoffe sofort für die Regeneration der belasteten Körperstellen einsetzen und gleichzeitig die Speicher auffüllen, soweit es möglich ist.

Wenn wir die Mineralstoffe einnehmen, wird der Organismus entscheiden, wo die wichtigsten Mängel zuerst zu beheben oder zu bearbeiten sind. Kosmetische Probleme werden nicht so rasch bearbeitet, da sie nicht unmittelbar für den Betrieb des Körpers notwendig sind.

Abhilfe schafft die äußere Anwendung. Mit ihrer Hilfe kann gezielt von außen die entsprechende Problematik in Angriff genommen oder Pflege- und Schönheitskosmetik betrieben werden. Für einen dauerhaften Erfolg bleibt indes die innere Anwendung von großer Bedeutung und darf auf Dauer nicht vernachlässigt werden. Denn nicht umsonst haben wir uns das Motto „Schönheit von innen" auf die Fahnen geschrieben.

Schönheitspflege im Jahresrhythmus

Schönheitspflege bedeutet auch, den jahreszeitlichen Rhythmus mit einzubeziehen. Wenn wir an die unterschiedlichen Lebensbedingungen in Winter und Sommer denken, dann leuchtet die Notwendigkeit ein, auch unsere Haut auf die verschiedenen Jahreszeiten einzustellen. Denn ihr Bedarf an den jeweiligen Mineralstoffen ändert sich schließlich mit den Jahreszeiten, je nach Temperatur, Beanspruchung durch Sonne, Regen, Wind und Schnee oder trockene, überheizte Räume.

Tipp

Das Bedürfnis unserer Haut ist auch von den verschiedenen Jahreszeiten beeinflusst.

Zutaten, die gut tun

Die Entwicklung der Kosmetik ist heute derart weit fortgeschritten, dass sich angesichts der Vielzahl von deklarierten Inhaltsstoffen immer mehr Frauen fragen, ob sie damit ihrer Haut auch wirklich noch etwas Gutes tun. Ich als Apothekerin wollte ihnen aus diesem Grund eine eigens entwickelte Kosmetik an die Hand geben, die möglichst weit zur Natur zurückkehrt, und musste mir daher im Vorfeld sehr gut überlegen, wie hoch verdünnte Mineralstoffe möglichst effektiv auf der Haut zur Anwendung gebracht werden können.

Tatsächlich beruht die Wirksamkeit der so entstandenen Produkte zum überwiegenden Teil auf den in ihnen enthaltenen, hoch verdünnten Mineralstoffen; die Salbengrundlagen, spezielle wertvolle pflanzli-

Natürliche Schönheit **Bin ich schön?**

che Öle und Wachse, sind sozusagen „nur" das Transportmittel für die Mineralstoffe und sollen deren Aufnahme in die Hautschichten erleichtern helfen.

Tipp

Achten Sie beim Kauf Ihrer Kosmetik auf wertvolle, möglichst natürliche Grundlagen, die die Funktionen Ihrer Haut fördern und unterstützen.

* Einer dieser wichtigen Bestandteile ist Jojobaöl. Es ist ein Pressöl – eigentlich ein Wachs –, das aus nussartigen Samen gewonnen wird. Es wird nicht ranzig und hat Ähnlichkeiten mit dem menschlichen Hauttalg. Darüber hinaus schützt es die Haut, bindet Feuchtigkeit und normalisiert den Hydrolipidmantel (die dünne, wasserhaltige Emulsion auf der Hautoberfläche) der trockenen, anspruchsvollen Haut.

* Aloe Vera ist ein Gel, das aus dem schleimigen, farblosen Blattinneren der Aloe-Pflanze gewonnen wird. Es hat eine natürliche Lichtschutzwirkung, wirkt feuchtigkeitsspendend und feuchtigkeitsbindend, beruhigend, abschwellend, regenerierend, pflegend und schützend.

* Avocadoöl wird durch Pressen der entkernten, getrockneten Früchte gewonnen. Es schützt vor Austrocknung, pflegt die trockene, die anspruchsvolle und die empfindliche Haut und ist reich an ungesättigten Fettsäuren.

* Sheabutter zeichnet sich durch eine gute Rückfettung, ein gutes Wasserbindungsvermögen und einen hautglättenden Effekt aus.

* Bienenwachs ist ebenfalls ein Rohstoff von hohem Wert: Es wirkt antibiotisch und hat auch ein hohes Wasserhaltevermögen.

* Olivenöl ist ein neutrales Öl, das eine gute Gleit- und Schutzwirkung hat. Die Haut wird genährt und seidig glatt, und Knitterfältchen verschwinden. Auch trockene Körperhaut wird geschmeidig und spannt nicht mehr. Olivenöl aus kalter Pressung ist besonders reich an ungesättigten Fettsäuren und wirkt regenerierend auf die Haut ein.

Das ist Gift für Ihre Haut

Alkohol schadet in jeder Form Ihrem Organismus, ob getrunken oder als Bestandteil einer Creme: getrunken belastet er den Flüssigkeitshaushalt und die Leber, in der Creme entzieht er der Haut Feuchtigkeit. Die Folge: Cuperose.

Vielfältige Schadstoffe nehmen wir über die Nahrung, Waschmittel und Umwelteinflüsse auf. Sie lassen die Haut früher altern oder bewirken eine panische Hautreaktion (Allergie). Kontaktallergien sind besonders häufig.

Blauer Dunst ist nur in der Werbung schön

Rauchen, egal ob aktiv oder passiv, ist eine der größten Belastungen für die Haut. Vor allem die Schwermetalle führen zu oxidativem Stress und frühzeitiger Hautalterung. Die Ausscheidung der Giftstoffe überfordert die Leber, also suchen sich die Schadstoffe einen Ausweg über die Haut. Folge. Juckende und beißende Ausschläge.

Auf die Dosis kommt es an

Sonne tut gut. Zu viel Sonne nicht. Jeder Sonnenbrand graviert sich in die Haut ein – ähnlich Verletzungen oder Narben –, nur eben fürs Auge unsichtbar. Folge: vorzeitige Hautalterung. Mit Schüßler-Salzen ist es allerdings möglich, die Haut so zu stärken, dass sie der Belastung durch Sonnenstrahlen viel länger standhält.

Belastende Salbengrundlagen und Hilfsstoffe: Ich achte darauf, eine optimale Qualität der Rohstoffe zu gewährleisten. Zutaten, die aus Mineralölprodukten gewonnen werden, etwa Vaseline und Paraffinöl, verwende ich keinesfalls. Die verschließen die Hautporen, die Aufnahme wertvoller Inhaltsstoffe wird behindert. Auf Grund der Unverträglichkeiten von Aroma- und Duftstoffen verzichte ich vollkommen auf die Beimengung von Duftstoffen.

Der Duft des Menschen ist etwas sehr Persönliches, für das sich jeder selbst entscheiden soll und kann. In meiner Kosmetik einen bestimmten Duft einzuarbeiten käme für mich einer Bevormundung des Anwenders gleich. Aus der Sicht der hoch verdünnten Mineralstoffe ist jedenfalls keine Beeinträchtigung der Wirkung zu erwarten.

- **Triethanolamin** ist ein weit verbreiteter Hilfsstoff zur Neutralisation von Gelbbildnern. Er belastet die Haut, weil er an der Abspaltung der Krebs erregenden Nitrosamine beteiligt ist.
- **Polyethylenglykole (PEG)** können die Haut durchlässiger machen, sodass sie auch Schadstoffe leichter aufnimmt.

Pflege macht schön

Wir haben nur eine Haut – pflegen wir sie! Denn was wir heute an ihr versäumen, können wir mitunter morgen nicht mehr reparieren. Ebenso wichtig wie eine regelmäßige Pflege ist aber auch die Wahl der richtigen Produkte und eine hautfreundliche Anwendung.

Altersgemäße Pflege

Tipp
Eine überschaubare, auf die Grundbedürfnisse der jungen Haut abgestimmte kosmetische Pflege lässt in der Jugend keine schweren Hypotheken entstehen. Deshalb ist es wichtig für die Entwicklung des Hautbildes im weiteren Verlauf des Lebens.

Unsere Haut ist ein kostbares Gut und will gepflegt sein. Schon in der Kindheit und später in der Zeit der Jugend sollte daher mit einer leichten Feuchtigkeitspflege begonnen werden – auch wenn die Haut in dieser Zeit straff, gesund und samtweich ist und meist gleichsam aus sich heraus strahlt. Viele glauben, dass jetzt alles in Ordnung und daher kosmetische Pflege sinnlos, ja sogar Luxus sei. Aber auch in diesen jungen Jahren ist die Haut der Umweltbelastung ausgesetzt, Mineralstoffspeicher werden verbraucht, Sonnenbrände schädigen die Haut, Akne knabbert am Selbstbewusstsein und belastet Mädchen und Jungen gleichermaßen.

Später stehen oft Bemühungen, sich vorteilhaft darzustellen, im Zentrum der Hautpflege. Das ist das gute Recht jedes Menschen und hat vor allem oft für Frauen eine besondere Bedeutung. Gepflegt zu sein vermittelt schließlich ein entsprechendes Wohlgefühl, das Sicherheit im Auftreten gibt. Deshalb hat eine naturgemäße Schönheitspflege absoluten Vorrang, weil sie nicht oberflächlich arbeitet, sondern aus der Tiefe heraus eine natürliche Lebendigkeit und damit eine von innen heraus strahlende Schönheit vermittelt.

Mit dem Älterwerden zeichnet sich die Spur unseres Lebens natürlich auch im Gesicht ab. Deshalb müssen nun auftretende Falten, trockene Haut und Pigmentflecken gepflegt und der Stoffwechsel der Haut optimal unterstützt werden.

Haben wir rechtzeitig vorgesorgt, so zeigen sich die Abnutzungserscheinungen des Alters viel später und wesentlich abgemildert. Das heißt für uns, dass wir nicht müde werden dürfen, früh und konsequent genug Schönheitspflege zu betreiben: und zwar eine Schönheitspflege, die den Körper in seinen wirklichen Bedürfnissen ernst nimmt.

Schlafen Sie schön!

Wir verschlafen ungefähr ein Drittel unseres Lebens. Die Wahl des Schlafplatzes ist daher von nicht zu unterschätzender Bedeutung für Ihre Gesundheit, Ihre Schönheit und Vitalität. Sie wissen ja: Wer nach einer Nacht an einem belasteten Schlafplatz wie gerädert aufwacht, so als hätte er die ganze Nacht durchgearbeitet, kann nicht gut aussehen. Außerdem wird durch einen belasteten Schlafplatz auch eine frühzeitige Alterung im Körper in Gang gesetzt. All diese Faktoren sollten wir daher meiden, damit wir ausgeruht und froh gelaunt unser Tagwerk beginnen können.

Wenn Sie schon lange verzweifelt sind, weil Sie nicht gut schlafen, dann beachten Sie die folgenden Punkte:

- ❀ Spiegel: Sie stören erheblich, weil sie die vorhandene Strahlung verstärken, ebenso Kristalllüster.
- ❀ Fernseher, Radiowecker, vor allem Stereogeräte und Haushaltsgeräte (Staubsauger) geben noch im Standby-Modus eine starke Strahlung ab.
- ❀ Netzfreischaltgeräte befreien von elektromagnetischer Belastung und sind vor allem für Schlaf- und Kinderzimmer zu empfehlen. Hier ist der Schlaf schnell wieder entspannend und erholsam.

Mein Tipp

„Viele Frauen benutzen viele unterschiedliche Pflegeprodukte gleichzeitig, die nicht nur den Geldbeutel, sondern auch die Haut unnötig belasten. Ich empfehle Ihnen daher, Ihre Schönheitspflege auf eine überschaubare Anzahl aufeinander abgestimmter Produkte zu reduzieren. Viel wichtiger ist es nämlich, die richtigen Produkte zu finden, die Ihre Haut wirklich braucht – dann wird sie auch wieder von innen strahlen."

Natürliche Schönheit **Pflege ist Hautsache**

Tipp

Eine Grundregel bei der Wahl des richtigen Schlafplatzes lautet: Ausweichen auf einen anderen Schlafplatz ist besser als Entstören!

Schnelltest

Schlafen Sie am richtigen Ort?

Beantworten Sie die folgenden Fragen: ja nein

Wachen Sie müde und erschöpft auf, als hätten Sie die ganze Nacht gearbeitet? ☐ ☐

Brauchen Sie eine lange Anlaufphase, um in Schwung zu kommen? ☐ ☐

Stehen Sie müder auf, als Sie sich hingelegt haben? ☐ ☐

Gehen Sie entweder sehr spät oder ungern schlafen oder flüchten Sie sehr früh aus dem Bett – oder beides? ☐ ☐

Können Sie nur schwer einschlafen und haben Sie ständig kalte Füße im Bett? ☐ ☐

Leiden Sie unter häufigen Alpträumen? ☐ ☐

Werden Sie im Bett von Krämpfen oder Rückenschmerzen geplagt? ☐ ☐

Wachen Sie morgens regelmäßig ganz am Kopfende, quer über dem Bett, am Fußende oder im Nachbarbett auf, weil Sie nachts den Strahlen ausgewichen sind? ☐ ☐

Sollten Sie eine oder mehrere Fragen mit Ja beantwortet haben, so rate ich Ihnen dringend, den Schlafplatz zu wechseln oder Ihre Wohnung von einem erfahrenen Rutengeher oder Geopathologen ausmessen zu lassen.

Mein Tipp

„Ich achte stets auf ein ausreichendes Schlafpensum von mindestens sechs bis acht Stunden. Es gibt keine bessere Schönheitspflege!"

❁ Echtholzbetten mit Lattenrost, möglichst ohne Metallmechanik, fördern ebenfalls einen gesunden Schlaf. Verzichten Sie auf Federkernmatratzen.

❁ Auch für Bettzeug, Teppiche, Vorhänge und andere Textilien am Schlafplatz sollten möglichst Naturfasern verwendet werden.

Auch hartnäckige Therapieblockaden, ob körperlicher oder seelischer Natur, können mit einer Störung des Schlafplatzes zusammenhängen. Lassen Sie sich in diesem Fall umgehend beraten.

Schüßler äußerlich

Tipp
Wenn Sie auf Ihr Erscheinungsbild achten, helfen hoch verdünnte Mineralstoffe, die Haut optimal zu versorgen.

Der Zustand der Haut bestimmt unser Erscheinungsbild nach außen. Wir treten in unsere Haut gekleidet in die Welt, deshalb sollte ihre Pflege uns auch besonders am Herzen liegen.

Unsere Haut: Kontaktorgan zur Umwelt

Die Haut ist mit ihren durchschnittlich 1,6 Quadratmetern das größte Organ des menschlichen Körpers. Sie stellt unser Kontaktorgan zur Umwelt dar: In die Haut eingebettet sind die Rezeptorzellen des Tastsinns, sodass wir spüren, wie unsere Außenwelt beschaffen ist – ob rau oder glatt, hart oder weich, fest oder flüssig, nass oder trocken – und die Temperatur fühlen. Die Aufgaben der Haut bestehen unter anderem in der Wärmeregulierung, im Schutz des Organismus vor Umwelteinflüssen, vor Kälte und Wärme, Verletzung, Wasserverlust und Austrocknung sowie vor dem Verlust körpereigener Substanzen wie Eiweiß und Elektrolyte.

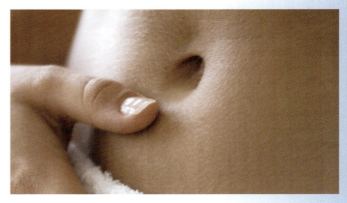

In der Haut finden sich außerdem noch Pigment erzeugende Zellen, die Melanozyten, sowie Schweißdrüsen, Talgdrüsen, Haare und zahlreiche Gefäße und Nerven.

Im Wesentlichen besteht unser größtes Körperorgan aus drei Gewebeschichten: Auf die sehr dünne Oberhaut (Epidermis) folgt die Bindegewebsschicht, Lederhaut oder Dermis genannt, unter der wiederum die Unterhaut oder Subkutis mit dem subkutanen Fettgewebe sitzt. Das in die Unterhaut eingelagerte Fettgewebe dient der Wärmeisolation des Körpers, daneben auch der Pufferung von Druck und der Speicherung von Reservestoffen. Last, not least ist der Säureschutzmantel der Haut in der Lage, Bakterien abzuwehren.

Natürliche Schönheit **Schüßler für die Haut**

Die Aufgaben der Haut im Zusammenhang mit den einzelnen Mineralstoffen

❁ Da die Haut zugleich Schutz- und Bezugsorgan zur Welt ist, kommt den Mineralstoffen Calcium fluoratum und Silicea verbunden mit Kalium sulfuricum besondere Bedeutung zu.

❁ Über die Haut werden eine Reihe von Reizen aufgenommen, wie z. B. Wärme, Druck, Schall, Nässe, Trockenheit; ebenso können chemische Reize, wie scharf, mild, brennend, ätzend u. Ä., über die Haut empfunden werden. Das Nervenleitungssystem wird vor allem durch Silicea Nr. 11 und Magnesium phosphoricum Nr. 7 unterstützt.

❁ Der Kreislauf wird aurch bei stark schwankenden Temperaturen in Schwung gehalten, was wiederum die Elastizität der einzelnen Gefäßwandungen und Bindegewebsfasern beansprucht. Calcium fluoratum Nr. 1 und Silicea Nr. 11 sind die hier geforderten Mineralstoffe.

❁ Über die Haut ist es dem Organismus möglich, Belastungsstoffe auszuscheiden. Ist der Körper übersäuert, so wird oft vermehrt Schweiß abgesondert, der dann unangenehm zu riechen beginnt. In einer Nacht werden regulär zwischen 1 und 1 1/2 Liter Flüssigkeit ausgeschwitzt, sodass der Wasserhaushalt des Körpers wieder ausgeglichen werden muss. Für den Wasserhaushalt zuständig ist das Natrium chloratum Nr. 8. Dieser Mineralstoff ist auch für die Temperatursteuerung verantwortlich. Die Ausscheidungen von belastenden Stoffen werden außerdem von Natrium phosphoricum Nr. 9, Natrium sulfuricum Nr. 10 und Silicea Nr. 11 unterstützt.

❁ Dass die Haut atmen und den Sauerstoff aus der Umgebungsluft aufnehmen kann, wird hauptsächlich durch Kalium sulfuricum Nr. 6 ermöglicht. Dieser Mineralstoff unterstützt außerdem die Pigmentierung der Haut.

Tipp

Die Haut benötigt zur Erfüllung ihrer Aufgaben spezielle Mineralstoffe: Mit denen sollten Sie Ihre Haut versorgen.

Übersicht der Mineralstoffe nach Dr. Schüßler und ihre Aufgaben in der Haut

Der nebenstehenden Tabelle können Sie entnehmen, wie die Mineralstoffe in der Haut wirken und welche Funktionen die einzelnen Betriebsstoffe erfüllen.

Die Aufgaben der Haut im Zusammenhang mit den Mineralstoffen   Natürliche Schönheit

Nr.	Name	Aufgaben in der Haut	
1	Calcium fluoratum	Unterstützend:	Elastizität
		Vorbeugend:	rissige Haut/Lippen, welke Haut, Krampfadern, Bänderschwäche
2	Calcium phosphoricum	Unterstützend:	Eiweißstoffwechsel, Bindegewebe
		Vorbeugend:	Muskelkrämpfe
3	Ferrum phosphoricum	Unterstützend:	Sauerstofftransport zur Zelle, Transport allgemein, Durchblutung, antioxidative Wirkung
		Vorbeugend:	Entzündungen
4	Kalium chloratum	Unterstützend:	Aufbau der Faserstoffe des Bindegewebes, Drüsenbetriebsmittel allgemein
		Vorbeugend:	Couperose, Besenreiser, Milien (Hautgrieß)
5	Kalium phosphoricum	Unterstützend:	Energiehaushalt, Regenerationsmittel
6	Kalium sulfuricum	Unterstützend:	Pigmentierung der Haare, Reinigung der Zellen, Sauerstofftransport in die Zellen, mit Nr. 3 gemeinsam antioxidative Wirkung
		Vorbeugend:	Hautpigmentierung (Vitiligo), Pigmentflecken aller Art
7	Magnesium phosphoricum	Unterstützend:	Entspannung, Juckreiz stillend
8	Natrium chloratum	Unterstützend:	Wärme-, Flüssigkeitshaushalt, Aufbau der Schleimhäute, Regeneration gemeinsam mit Nr. 5, Entgiftung
9	Natrium phosphoricum	Unterstützend:	Entsäuerung, Fettstoffhaushalt
10	Natrium sulfuricum	Unterstützend:	Entschlackung, Entgiftung
		Vorbeugend:	geschwollene Beine, verschwollene Augen
11	Silicea	Unterstützend:	Bindegewebsaufbau
		Vorbeugend:	Antifaltenmittel, brüchige Nägel und Haare
12	Calcium sulfuricum	Unterstützend:	Eiweißabbau, Bindegewebsdurchlässigkeit
		Vorbeugend:	Cellulite
19	Cuprum arsenicosum	Unterstützend:	Aufbau des Kollagens im Bindegewebe
		Vorbeugend:	Pigmentstörungen (Vitiligo)
21	Zincum chloratum (NEU)	Unterstützend:	bei Haarausfall
		Vorbeugend:	weiße Flecken auf den Nägeln

Natürliche Schönheit   Schüßler für die Haut

Die äußere Anwendung

Tipp
Der direkte Weg die Haut zu versorgen geht über die äußere Anwendung der Mineralstoffe.

Die Mineralstoffe nach Dr. Schüßler werden innerlich in Form von Tabletten angewendet. Die äußerlichen Anwendungsmöglichkeiten sind neben der Anwendung der Tabletten in aufgelöster Form jedoch ungleich vielfältiger.

Über die Gliedmaßen kann der ganze Mensch erreicht werden – diesen Umstand macht sich etwa die Reflexzonentherapie zunutze. An erster Stelle wird man hier meistens an die Reflexzonen der Füße denken; doch auch auf den Händen und sogar am Rumpf finden sich Reflexpunkte, in denen sich die Organe abbilden und die gut behandelt werden können.

Es macht also Sinn, über die Hände und Füße auch die Mineralstoffe in Form von Hand- und Fußbädern in den Körper einzubringen, um sie entsprechend ihren Einsatzmöglichkeiten anzuwenden. Außerdem wird dadurch die Sensibilität in der Haut von Händen und Füßen gefördert – und sie ist es ja schließlich, mit der wir einen Teil der Welt wahrnehmen.

Bäder

Bei akuten Beschwerden lösen Sie je 20 Tabletten pro angegebenem und notwendigem Mineralstoff im Badewasser auf. Die entsprechenden Mineralstoffe können Sie entweder dem jeweiligen Kapitel entnehmen oder als versierte Schüßler-Anwenderin selbst auswählen.

Zutaten
Entsprechender Mineralstoff
Wasser

- **Vollbad:** Die Temperatur sollte unter der Körpertemperatur liegen, denn nur dann kann der Körper die Mineralstoffe aufnehmen.
- **Fußbad:** Es reicht, wenn die Füße komplett von der Mineralstofflösung bedeckt sind; Sie können das Bad jedoch auch auf den ganzen Unterschenkel ausdehnen.
- **Unterarmbad:** Da ein mit Wasser gefülltes Waschbecken für dieses Bad genügt, sollten Sie auch die Menge der Tabletten auf etwa 5 bis 7 Stück je Mineralstoff reduzieren.
- **Handbad:** Werden nur die Hände in die Mineralstofflösung getaucht – wie z. B. bei Ausschlägen, rissigen oder wunden Händen oder zu kosmetischen Zwecken –, so genügt eine kleine Schüssel.

Tipp
Im Allgemeinen werden für Hand- wie für Fußbäder 10 Tabletten pro empfohlenem Mineralstoff in warmem Wasser aufgelöst. Das Bad sollte nicht länger als zehn Minuten dauern. Achten Sie auf eine angenehm warme und entspannende Raumtemperatur und hüllen Sie Ihre Beine in eine flauschige Decke.

Waschungen

Waschungen erfrischen vor allem Menschen, die aus Krankheitsgründen das Bett nicht verlassen können. Die benötigten Mineralstoffe, 20 Tabletten pro empfohlenem Mineralstoff, werden in einer vorbereiteten Waschschüssel aufgelöst.

- **Waschungen des ganzen Körpers bzw. bestimmter belasteter Körperteile:** Wenden Sie sie vor allem zur Pflege der Haut bei bettlägerigen, vor allem auch fiebrigen Menschen an, wenn die Gefahr des Wundliegens besteht.
- **Waschungen des Kopfes:** Sie können sehr leicht im Waschbecken durchgeführt werden. Die Mineralstoffe haben einen sehr guten Einfluss auf die Kopfhaut sowie auf den Haarwuchs (siehe auch S. 92ff.). Zusätzlich sollten immer auch die gleichen Mineralstoffe eingenommen werden.

Mein Tipp

„Während des Bades öffnet sich der Mensch für Entspannung und Lockerung. Die Selbstwahrnehmung und damit die Achtsamkeit dem eigenen Körper gegenüber wird gefördert. Lassen Sie sich ganz auf den eigenen Körper mit seinen vielen Signalen und Empfindungen ein und nützen Sie die Gelegenheit, Ihre Gedanken schweifen zu lassen. Ich empfehle auch gern, beim Baden entspannende Musik zu hören."

Das Auflegen von Mineralstoffen

In aufgelöster Form lassen sich die Mineralstoffe ganz leicht über die Haut von außen dem Körper zuführen. Dies empfiehlt sich auf zwei Arten:

- Auflegen von Tupfern, Mullbinden oder Tüchern (Wickel), die allein mit dem wirkstoffhaltigen Wasser getränkt sind.
- Auflegen von aufgelösten Tabletten als Brei bei frischen Verletzungen. Wenn diese zu groß sind, sollten Sie von der Selbsthilfe absehen und unbedingt die ärztliche Erstversorgung in Anspruch nehmen.

Dabei werden die Tabletten in einer Schüssel mit wenig Wasser versetzt und mit einem Plastiklöffel gut umgerührt, bis ein elastischer Brei entsteht, den man gut auf die gewünschte Stelle auftragen kann. Darüber legen Sie am besten Frischhaltefolie, damit der aufgelegte Brei nicht zu schnell austrocknet. Die Menge der verwendeten Mineralstoffe richtet sich dabei nach der Größe der mit dem Brei zu versorgenden Körperoberfläche.

Diese Anwendung eignet sich besonders mit dem Mineralstoff Ferrum phosphoricum Nr. 3 für akute Verletzungen, aber auch bei allen

Tipp

Der Brei gehört neben der Einnahme der Mineralstoffe zu den wirksamsten Anwendungen in der Schüßler-Heilweise.

Fett oder Feuchtigkeit?

Die fetten Salben aus meiner Herstellung sind Wasser-in-Öl-Emulsionssalben (W/O). Sie gewährleisten die Abgabe des Mineralstoffs an die Haut, da beim Auftragen auf die Haut die Emulsion den wasser- und mineralstoffhaltigen Anteil freigibt. Die Fettkomponente dient als Pflegekomponente, gleichzeitig aber auch als Abgabemedium (Vehikel oder Transporter), um die Mineralstoffe in die Haut einzuschleusen.

Für schuppende, rissige Haut ist Pflege durch Fett wichtig. Bei trockener Haut steht wiederum besonders die Feuchtigkeitszufuhr im Vordergrund. In diesem Fall und für besonders tiefenwirksame Anwendungen sollte auf Cremegele bzw. Gele zurückgegriffen werden.

Grundsätzlich gilt, dass polare Stoffe (das sind wasserlösliche Mineralstoffverbindungen – Salze) die beste Freigabe von Arzneistoffen erzielen und sehr tief in die Haut eindringen können, wenn sie in hydrophile (mit Wasser mischbare) Salbengrundlagen eingearbeitet sind.

schmerzhaften Zerrungen und Prellungen zur Erstversorgung. Silicea Nr. 11 wiederum wird angewendet bei Blutergüssen und blauen Flecken. Schließlich verwendet man Natrium chloratum Nr. 8 in Mischung mit Ferrum phosphoricum Nr. 3 (Mischungsverhältnis 2 : 1) bei Verbrennungen; Nr. 8 ist das Hauptmittel, das Eisenphosphat wird in geringerer Menge beigefügt, da es die Schmerzen, die die Verbrennungen verursachen, rasch lindert.

Generell sollten Sie den Brei erst dann abnehmen, wenn er anzutrocknen beginnt, also nach einer bis zwei Stunden. Waschen Sie ihn ab und erneuern Sie dann, wenn nötig, die Auflage.

Salben

Alle Mineralstoffe können Sie fertig als Salbe kaufen. Im Laufe der Zeit haben sich aus unserer Erfahrung heraus auch verschiedene Salbenkombinationen als besonders wirksam erwiesen; auch sie sind als fertige Mischungen erhältlich.

Mein Tipp

„Erdölprodukte schließen die Hautporen, sodass die Haut nicht mehr richtig atmen kann. Deshalb sollten vor allem Paraffinöl und Vaseline – sie sind billig und auch in Mineralstoffsalben beliebt – keine Verwendung in den fetten Salben finden. Kaufen Sie auch keine Salben, deren Behälter aus Metall sind."

Natürliche Schönheit   **Schüßler für die Haut**

Tipp

Salben wirken langsam, aber dafür um so länger.

❁ Bei der Verwendung der Mineralstoffe nach Dr. Schüßler als Salben ist vor allem auf die verwendete Salbengrundlage zu achten. So lege ich bei meinen Salben Wert auf natürliche Fette, Öle, Wachse und Emulgatoren, da sie von der Haut gut aufgenommen werden.

❁ Die Salben mehrmals hintereinander dünn auftragen und einmassieren. Wiederholen Sie dies zwei- bis dreimal.

❁ Natürlich können auch Salbenverbände angelegt werden; hierfür tragen Sie die Salben in einer dickeren Schicht auf. Diese Form der Applikation (Anwendung) eignet sich besonders gut für die Nacht, da die fette Salbe so nur langsam die eingearbeiteten Mineralstoffe abgibt. Sie erreichen damit eine leichte Depotwirkung.

Gele

Fettfreie, hydrophile Salbengrundlagen sind Gele: Sie enthalten 80 bis 90 Prozent Wasser und sind besonders für die Applikation auf Schleimhäute prädestiniert. Sonnenallergiker etwa sollten auf Produkte zurückgreifen, die keine Emulgatoren enthalten; hier empfehlen sich reine Gele wie etwa das Pre und After Sun oder das Gel W, das sich vor allem zur Regeneration der Haut nach Verletzungen eignet.

Cremegele

Die beste Anwendungsform der Mineralstoffcremes, die eine leichte Pflege der Haut ermöglicht, gleichzeitig aber auch die Mineralstoffe gut an die Haut abgibt und daher eine hervorragende Tiefenwirkung besitzt, ist die Darreichung als Cremegel.

Da Cremegele hervorragende Resultate erbringen, biete auch ich die meisten Mineralstoffmischungen als Cremegele an. Jeden einzelnen Mineralstoff gibt es daneben aber auch in Salben eingearbeitet. In beiden Produktlinien werden die Mineralstoffe im kosmetischen Herstellverfahren unter Beachtung strenger hygienischer Bestimmungen hergestellt.

Tipp

Mit den Mineralstoffcremegelen und -salben können Sie ganz einfach auch selbst Mischungen für Ihre individuelle Schönheitspflege herstellen; ich empfehle solche Mischungen mehrmals in diesem Buch. Wenn nicht anders angegeben, vermischen Sie die angegebenen Nummern als Cremegel oder Salbe zu gleichen Teilen in einer Plastikschüssel und füllen die fertige Mischung in einen Tiegel aus der Apotheke. Bitte beachten Sie, dass Cremegele nur mit Cremegelen und Salben nur mit Salben gemischt werden können.

Die Haut   Alles Gute für Ihre Haut

Tipp
Hautpflege ist auch Gesundheitspflege.

Alles Gute für Ihre Haut

Die Haut ist das größte Organ des Menschen. Wie auch jedes andere Organ im Körper stellt sie bestimmte Anforderungen und hat ganz spezielle Bedürfnisse. Dazu gehört nicht nur die geeignete Pflege von außen, sondern auch die richtige Ernährung und vor allem eine ausreichende Flüssigkeitseinnahme.

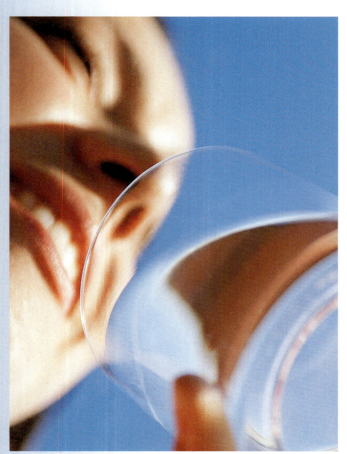

Wasser und Fett

Auf einen gesunden und natürlichen Hautaufbau arbeitet man am besten schon in frühen Jahren hin. Die Haut benötigt dafür alle Betriebsstoffe, die wir in besonderem Maße über die Mineralstoffe nach Dr. Schüßler zuführen können. Dabei versteht es sich fast von selbst, dass ein gesunder, vitaler Körper auch eine gesunde, vitale Haut hat.

Richtig trinken

Viele Menschen trinken einfach zu wenig. Sie haben kaum noch Durst, da es sich der Körper richtiggehend abgewöhnt hat, Durst zu signalisieren. Und wenn wir trinken, trinken wir Frucht- und Gemüsesäfte, Limonaden, Kaffee, Tee, alkoholische Getränke und Mineralwasser – nur unser Trinkwasser haben wir scheinbar vergessen.

Die Folgen der Austrocknung

Viele Störungen und Beschwerden lassen sich auf eine Wasserunterversorgung zurückführen: Die Haut trocknet aus – heute hat bereits die Mehrzahl der Frauen eine feuchtigkeitsarme Haut. Bei Wassermangel wird das Bindegewebe unterversorgt, unelastisch und übersäuert. Cellulite stellt sich ein.

Ferner trocknen die Knorpel aus, was wir in den knackenden Gelenken spüren, die Gehirnflüssigkeit kann nicht genügend zirkulieren, die Gedächtnisleistung nimmt ab, und auch die Konzentrationsfähigkeit leidet.

Weitaus gravierendere Folgen der Austrocknung sind etwa Rheuma und Gicht. Sie sowie alle Zivilisationskrankheiten lassen sich unter anderem auch auf ein Bindegewebe zurückführen, das nicht ausreichend mit Wasser versorgt wird.

Doch die genannten Getränke sind viel zu konzentrierte Flüssigkeiten, die unser Körper erst verdünnen muss, um sie verwerten zu können. Dafür muss er die eigene Flüssigkeit heranziehen, sodass es mit der Zeit zu einer regelrechten Wasserknappheit im Organismus kommen kann. Wir sind dabei zu „vertrocknen"! Jetzt erst setzt der Körper das Signal Durst ab, um sich zu schützen.

Erst wenn eine Zeit lang natürliches Trinkwasser getrunken wird, stellt sich auch langsam das natürliche Durstgefühl wieder ein. Der Organismus kann dann nämlich wieder darauf vertrauen, dass keine belastenden Flüssigkeiten mehr auf ihn einstürmen, die ihn einschränken. Wird auf natürliche Weise getrunken, so ist es dem Organismus außerdem möglich, viele Schadstoffe auszuschwemmen. Das wiederum wirkt sich günstig auf das Hautbild aus.

Fett ist lebenswichtig

Eine weitere Komponente, die sich in besonderem Maße auf das Erscheinungsbild der Haut auswirkt, ist der Fetthaushalt des Körpers. Auf der einen Seite nehmen wir mit der Nahrung zu viele gehärtete bzw. hydrierte Fette zu uns, was unseren Fettstoffhaushalt stark belas-

Info

Zur Steuerung des Wasserhaushalts benötigt unser Organismus Natrium chloratum Nr. 8.

Die Haut   Alles Gute für Ihre Haut

tet. Die beim Stoffwechsel anfallenden trans-Fettsäuren kann der Körper nicht verwerten; er muss sie also als Fettgewebe einlagern.

Andererseits sind wir in unserer Gesellschaft des Schlankheits- und Fitnesswahns darauf programmiert, aus Angst vor einer Gewichtszunahme die Zufuhr von Fett drastisch zu drosseln oder gar gänzlich zu meiden. Dadurch wird jedoch auch die lebensnotwendige Zufuhr von essenziellen Fettsäuren unterbunden, was langfristig zur Verarmung des Organismus an diesen biologisch wichtigen Fetten führt: Das Ergebnis sind brüchige Zellmembranen und letztlich auch das Austrocknen der Haut.

Info

Insgesamt erleidet die Haut durch den Verlust an Feuchtigkeit und Fettsubstanzen einen großen Verlust an Geschmeidigkeit. Die Folge ist eine relativ schnelle Hautalterung, die mit einer Verrunzelung der Haut einhergeht.

Die einzelnen Hauttypen

Die ästhetischen Qualitäten der Haut werden durch die richtige Kombination der einzelnen Bestandteile des Hydrolipidfilms auf der Hautoberfläche bestimmt. Dieser Film sorgt nämlich dafür, dass die Hornhaut zart und geschmeidig bleibt. Zuständig sind hier vor allem die Mineralstoffe Calcium fluoratum Nr. 1, Natrium chloratum Nr. 8 und Natrium phosphoricum Nr. 9.

Im Wesentlichen unterscheidet man drei Hauttypen:

* normale Haut
* fette Haut
* trockene Haut.

Die Durchblutung der Haut

Die Blutbahnen in der Haut sichern die Versorgung mit Sauerstoff und die Ernährung verschiedener Hautstrukturen, transportieren aber auch die Stoffwechselschlacken ab. Sie sind generell an der Aufrechterhaltung der Wärmeregulation sowie der Erhaltung des arteriellen Blutdrucks beteiligt. Dazu ist die Anwesenheit von Ferrum phosphoricum Nr. 3 unabdingbar; gleichzeitig ist es auch ein wichtiges Stoffwechselmittel für das Gewebe der Haut.

Sie werden durch Mischtypen ergänzt, sodass sich insgesamt 13 Hauttypen unterscheiden lassen.

1. Normale Haut

Wenn die Haut in einem Gleichgewichtszustand ist, spricht man von normaler Haut: Sie zeichnet sich durch gute Befeuchtung aus und ist wenig fett. In der Qualität entspricht sie der Haut eines Kindes vor der Pubertät: Sie ist straff, weich und samtig.

Dieser Normalzustand ist jedoch viel eher ein Idealzustand, da nur wenige Menschen tatsächlich eine normale Haut aufweisen. Meist finden sich Abweichungen von diesem Ideal, die von der trockenen bis hin zur fetten Haut die ganze Palette abdecken.

2. Fette Haut

Die fette Haut ist reich an Lipiden, kann aber auch mehr oder weniger dehydriert (feuchtigkeitsarm) sein. Der Organismus ist hier nicht in der Lage, den Fettstoffhaushalt ausreichend zu regulieren. Auf Grund einer Übersäuerung des Körpers setzt eine übermäßige Talgproduktion ein, wodurch auch die Talgporen erweitert werden; man spricht dann von Seborrhoe. Der für die Regulierung des Säurehaushaltes zuständige Mineralstoff ist Natrium phosphoricum Nr. 9. Er ist ebenso der Betriebsstoff für den Fettstoffhaushalt.

Die Haut wirkt meist blass, glänzt fettig, neigt zu erweiterten Fettporen und zu Akne.

3. Jugendliche Aknehaut

In der Pubertät sieht sich der junge Mensch einer der größten Herausforderungen seines Lebens gegenüber: Er muss sich auf sein Ich besinnen. Das führt zu Spannung im Körper. Übersäuerung ist die Folge, was sich unmittelbar in einem Mangel an Natrium phosphoricum Nr. 9 auswirkt. Dies ist auch der Betriebsstoff für den Fettstoffhaushalt.

Naturgemäß setzt auch hier eine übermäßige Talgproduktion im Bereich der Haarfollikel ein, sodass sich die Poren verstopfen. In der Folge entstehen Mitesser und Pickel, und häufig genug steht am Ende der Entwicklung die Akne. Sie zeigt sich nicht nur im Gesicht, sondern auch auf dem Rücken und an anderen Körperregionen und ist sehr hartnäckig. Unzählige Kosmetika haben sich dem Kampf gegen diese entzündliche Hautkrankheit verschrieben, doch nur wenige versprechen tatsächlich langfristigen Erfolg. Dazu gehören Cremegele mit hoch verdünnten Mineralstoffen, beispielsweise Seborive.

4. Mischhaut

Man spricht von Mischhaut, wenn sich in Beschaffenheit und Befindlichkeit der Haut deutliche Unterschiede zwischen dem mittleren Gesichtsbereich, den Wangen und dem übrigen Gesicht feststellen lassen. Die Wangen sind meist trocken, fettarm und/oder feuchtigkeitsarm, während andere Gesichtsareale seborrhoisch wirken.

5. Trockene Haut

Die Haut wirkt rau, neigt zu roten Flecken und ist empfindlich gegenüber Temperaturschwankungen. Die Trockenheit wird verstärkt durch Seifen, zu trockene oder zu warme Luft, durch die Sonne oder längerfristigen Kontakt mit Wasser.

Kommt die Trockenheit durch eine unzureichende Talgproduktion zustande, so spricht man präziser von einer fettarmen Haut.

„Ob Sie eine fettarme Haut haben, können Sie ganz leicht selbst feststellen: Tragen Sie eine fette Salbe oder Creme auf. Stellt sich ein angenehmes Gefühl auf der Haut ein, so haben Sie eine fettarme Haut."

6. Fettarme Haut

Meist wird sprachlich zu wenig genau zwischen trocken und fettarm unterschieden, denn genau genommen bedeutet trocken feuchtigkeitsarm. Sind fette Cremen für Sie ein Problem, weil Sie zu schwitzen beginnen, so haben Sie eher eine trockene Haut.

7. Feuchtigkeitsarme Haut

Bei diesem Hauttyp ist der Wassergehalt der Hornschicht sehr gering; es besteht ein Mangel an so genannten Natural Moisturizing Factors (natürliche Feuchthaltefaktoren der Haut). Sie werden dann das Gefühl haben, keine fette Creme zu vertragen, da Sie sie als unangenehm empfinden.

Kann der Organismus die Feuchtigkeit nicht mehr regulieren und nicht mehr binden, dann fehlt ihm das Natrium chloratum Nr. 8. Es ist der Betriebsstoff, mit dem der Flüssigkeitshaushalt der Haut reguliert werden kann.

8. Grobporige Haut

Die grobporige Haut ist eine Abart der feuchtigkeitsarmen Haut. Sie gilt als unschön; vor allem Frauen leiden darunter. Aus der Biochemie nach Dr. Schüßler wissen wir, dass große Poren auf einen Mangel an Natrium chloratum Nr. 8 hinweisen. Oft können jedoch schöne Erfolge mit den Mineralstoffen nach Dr. Schüßler erreicht werden, und die großen Poren gehen zurück.

9. Schuppende Haut

Desgleichen kann durch einen Mangel an Natrium chloratum Nr. 8 der Hornstoff in der obersten Schicht der Haut seinen Halt verlieren; trockene, rieselnde Schuppen sind die Folge – und zwar am ganzen Körper. Auch dies ist die Folge einer Austrocknung der Haut.

10. Welke Haut

Unter biochemischen Gesichtspunkten – jenseits der rein kosmetischen Hauttypen – kennen wir noch weitere Hauttypen. Dazu gehört die welke Haut.

Wenn die oberste Schicht der Haut zu wenig Calcium fluoratum Nr. 1 aufweist, leidet die Spannkraft der Haut. Es ist wie bei den Blättern der Bäume: Werden sie nicht mehr vom Baum versorgt und fallen ab, so welken sie. Man kann hier von einer leichten Verrunzelung der Haut sprechen. Darunter versteht man jene sehr kleinen Fältchen, die erst wahrzunehmen sind, wenn die Haut aus nächster Nähe betrachtet wird.

11. Faltige Haut

Erleidet das Bindegewebe der Haut einen Mangel an Silicea Nr. 11 und schrumpft, so wird die oberste Schicht der Haut „zu groß". Sie „passt" nicht mehr und legt sich in Falten. Diese sind ausgeprägter und leicht zu unterscheiden von den winzigen Fältchen der welken Haut.

Tipp

Um die richtigen Pflegeprodukte auswählen zu können ist es wichtig, dass Sie Ihren Hauttyp finden und damit die speziellen Bedürfnisse Ihrer Haut erkennen.

Info

Übergewichtige Menschen, die stark abgenommen haben, sehen sich häufig mit diesem Problem konfrontiert: Die „überschüssige" Haut hängt in Hauttaschen herab und ist nur noch sehr schwer wieder straff zu bekommen.

Die Haut **Alles Gute für Ihre Haut**

Mein Tipp

„Lassen Sie sich vom Jugendwahn nicht verrückt machen. Mit zunehmendem Alter stellen sich ganz natürlich Falten ein. Ich möchte hier ausdrücklich darauf hinweisen, dass der Sinn einer guten Kosmetik keinesfalls darin besteht, das Altern zu verbergen oder gar eine Faltenbildung zu verhindern. Gut gepflegte Frauen, die Vitalität ausstrahlen, dürfen ruhig auch ein paar Falten im Gesicht haben. Sie wirken trotzdem interessant und schön."

Wie das Bindegewebe schrumpft, sieht man vor dem Ohr, wenn sich die darüber liegende Haut in Falten legt. Sie schiebt sich manchmal schon in sehr jungen Jahren zusammen, ohne dass man bisher den Grund dafür kennen würde. Dasselbe gilt für die Lippenfältchen, die sich über der Ober- und Unterlippe bilden. Auch diese unangenehme Erscheinung zeigt sich bei Frauen oft schon in jungen Jahren.

12. Empfindliche Haut

Unter empfindlicher Haut versteht man in der Biochemie nach Dr. Schüßler jene Haut, die wegen des Mangels an Kalium phosphoricum Nr. 5 keine Belastungen abpuffern kann. Jede Druckstelle, der Einfluss von Kälte, Regen und Sonne wirkt sich sofort nachteilig aus: Rötung, Entzündungen und ähnliche Symptome sind die Folge. Die Haut reagiert also unmittelbar auf Belastungen durch die Umwelt, meist sind die Betroffenen auch einem besonderen inneren oder äußeren Stress ausgesetzt. Ferrum phosphoricum Nr. 3 schafft hier rasch Abhilfe.

13. Allergische Haut

Werden der Haut von außen belastende Stoffe zugeführt, so antwortet sie oft mit Rötungen, Juckreiz und Ekzemen. Man spricht hier von einer allergischen Reaktion. Bei manchen Menschen zeigen sich durch den Einfluss von Sonnenstrahlen Bläschen, die extrem jucken: Hier

Frühzeitige Hautalterung

Sie wird durch folgende Faktoren begünstigt:

- Nikotin
- übermäßige Sonnenbestrahlung (Solarium!)
- Kälte
- Wind
- großer Mangel an Mineralstoffen, wie den hoch verdünnten Mineralstoffen
- Mangel an Spurenelementen
- Stress
- Schlafmangel.

Essen Sie sich schön! Die Haut

Die Reinigung der Haut

Eine gute und gründliche Reinigung der Haut ist Voraussetzung für eine gelungene kosmetische Pflege. Sie sollte daher an der Tagesordnung sein und nicht nur praktiziert werden, um grobe Verunreinigungen oder Make-up zu beseitigen.

Die Reinigung der Gesichtshaut ist von großer Bedeutung, da das Gesicht Wettereinflüssen wie Wind, Sonne und Kälte, aber auch der Umweltverschmutzung in besonderem Maße ausgesetzt ist. Außerdem schminken wir uns mit Make-up und muten unserer Gesichtshaut oft ungesunde Farbstoffe zu (siehe hierzu auch S. 45ff.).

Für die Körperreinigung empfehlen sich vor allem Duschgele für Körper und Haare mit hoch verdünnten Mineralstoffen, die die Haut schonend reinigen (siehe hierzu auch S. 66).

Tipp

Reagiert die Haut extrem auf Waschmittel oder andere waschaktive Stoffe (Waschmittelallergie), so steht im Hintergrund häufig ein Mangel an Natrium sulfuricum Nr. 10. Bei einer Kontaktallergie wehrt sich die Haut gegen bestimmte Metalle. Hier können Präparate mit hoch verdünnten Mineralstoffen und basische Bäder entlastend wirken, wie etwa Zell Fit und Base-Care.

liegt eine Sonnenallergie vor. Doch wie kommt es zu solchen allergischen Reaktionen?

Das Bindegewebe unter der Haut ist eine der Deponien des Körpers: Schadstoffe und Säuren schlummern hier und warten darauf, ausgeschieden zu werden. Ist das Bindegewebe jedoch regelrecht „überfüllt" mit belastenden Stoffen, so macht die Haut mobil: Sie ruft um Hilfe und macht durch Reizreaktionen auf sich aufmerksam. Diese Symptome gehen unter Umständen in Entzündungen über. All dies ist unter anderem ein Zeichen für einen extremen Mangel an Ferrum phosphoricum Nr. 3.

Essen Sie sich schön!

Einen nicht zu unterschätzenden Einfluss auf das Erscheinungsbild der Haut hat vor allem auch die Ernährung. Dabei empfiehlt es sich, besonders auf folgende Faktoren zu achten:

Die Haut   Alles Gute für Ihre Haut

Tipp

Beachten Sie: Auch Joghurt, Sauerrahm, Käse und andere Milchprodukte müssen in der täglichen Eiweißbilanz berücksichtigt werden!

Mein Tipp

Wenn Sie eine Fastenkur beginnen wollen, rate ich Ihnen, eine ausreichende Mineralstoffversorgung durch die begleitende Einnahme von Mineralstoffen nach Schüßler zu gewährleisten. Sie ersparen sich damit viele unangenehme Symptome wie Kopfschmerzen, Gliederschmerzen, Anfälligkeit für Schnupfen, Heißhungerattacken usw., die als Nebenwirkungen mit dem Fasten einhergehen können.

✽ Um Ihren Säure-Basen-Haushalt auf einem gesunden Niveau zu halten, sollten Sie auf die Zufuhr von genügend Gemüse und nichtsaurem Obst achten.

✽ Daneben sollte Ihr Augenmerk auf einer ausreichenden Eiweißaufnahme liegen: Der Erwachsene braucht ein Gramm Eiweiß pro Tag je Kilogramm Körpergewicht – aber auch nicht mehr. Ein Übermaß schafft auf Dauer Probleme in Form der Eiweißspeicherkrankheit bzw. Eiweißdickleibigkeit.

✽ Eine Versorgung des Körpers mit hochwertigen ungesättigten Fettsäuren ist ebenso wichtig wie eine normale Wasserzufuhr.

✽ Schadstoffe belasten die Deponien des Körpers, die Zellen und das Bindegewebe. Daher ist es so wichtig, dem Körper möglichst wenig künstliche Farbstoffe, Konservierungsmittel, Weichmacher und künstliche Aromastoffe zuzuführen. Sie sind mittlerweile gang und gäbe in unseren Lebensmitteln, verursachen jedoch Hautkrankheiten und Allergien und andere Zivilisationskrankheiten.

Bewegung macht schön

Der beste Weg, Haut und Körper mit Sauerstoff zu versorgen, ist körperliche Aktivität. Wenn Sie Ihren Körper bewegen, kann in jede Zelle ausreichend Sauerstoff gelangen, sodass die reaktionsfreudigen freien Radikale weniger Schaden anrichten können. Sie leisten unter anderem der vorzeitigen Hautalterung („Aging") Vorschub, die mit Falten und Runzeln einhergeht.

Bewegung macht schön Die Haut

Körperliche Bewegung steigert die Herzaktivität und verbessert auch die Sauerstoffversorgung der Haut. Die Zellen erneuern sich schneller, die Nährstoffe werden rascher in den Organismus aufgenommen und verwertet.

Kein Wunder also, dass Bewegung zu den besten Schönheitskuren für Ihre Haut zählt. Gönnen Sie sich täglich 30 Minuten körperliche Bewegung, vorzugsweise an der frischen Luft. Das steigert Lebensfreude und Lebensqualität und verschönert zudem Ihr Hautbild!

Info

Bewegung an der frischen Luft trägt zu einem gesunden, blühenden Aussehen bei. Denn die Haut atmet und braucht Sauerstoff und gibt beim Ausatmen Abfallstoffe ab.

Das

Gesicht

Spiegel der Seele

Tipp
Ihr Antlitz zeigt nicht nur, wie Sie sich fühlen, sondern auch die Bedürfnisse des Körpers.

Dem Antlitz des Menschen kommt eine besondere Bedeutung zu: Es ist sozusagen der Spiegel der Seele. Als solcher zeigt es Emotionen und verrät konzentrierte Anspannung oder genussvolle Entspannung. Und wenn man noch genauer hinschaut, sieht man auch die Spuren, die das Leben hinterlassen hat.

Die Antlitzanalyse

Das Antlitz des Menschen hat große Aussagekraft. Deshalb wurde in der Biochemie nach Dr. Schüßler die so genannte Antlitzanalyse entwickelt. Sie gibt uns das geeignete Mittel an die Hand, um aus dem Gesicht eines Menschen eventuell bestehende Mineralstoffmängel abzulesen. Im Antlitz trägt der Mensch sozusagen sein Rezept. Wer es dechiffrieren kann, weiß auch um seine Mangelzustände und seinen gesundheitlichen Status.

Werden die Speicher mit den Mineralstoffen nach Dr. Schüßler wieder aufgefüllt, so gehen die Mangelsymptome im Gesicht rasch wieder zurück. Wenn allerdings im Körper anderweitige Regenerationsarbeiten anstehen, muss das Auffüllen der Speicher warten. Die Mangelzeichen bleiben dann so lange bestehen, bis die Speicher wieder voll sind. Daran lässt sich sehr deutlich erkennen, dass Schönheit eine Sache des ganzen Körpers ist!

Gesichtspflege hängt daher für mich unmittelbar mit einer guten Versorgung mit hoch verdünnten Mineralstoffen – sowohl innerlich als auch äußerlich – zusammen. Deshalb habe ich diese Mineralstoffe in meine Kosmetik- und Körperpflegeprodukte eingearbeitet und nach kosmetischen Gesichtspunkten die Salbengrundlagen und Rohstoffe ausgesucht, um die kosmetische Wirkung der hoch verdünnten Mineralstoffe noch zu fördern.

Die Gesichtsreinigung

Make-up und Schminke lassen sich folgendermaßen mit pflanzlichen Ölmischungen entfernen:

❀ Vermischen und erhitzen Sie je 1 Teil Kokosnussöl und Olivenöl und 2 Teile Traubenkernöl in einem Wasserbad. Füllen Sie das Ganze in eine verschraubbare Flasche ein. Nach dem Abkühlen geben Sie ätherische Öle dazu: 6 Tropfen Rosmarin, 4 Tropfen Teebaum, 3 Tropfen Salbei. Schütteln Sie alles gut durch, tränken Sie einen Wattebausch oder Abschminkpad damit und nehmen Sie die Schminke ab.

❀ Zur Nachreinigung empfehle ich das Waschen mit einem geeigneten seifenfreien und pH-neutralen Syndet (Hautreinigungsmittel), weil sich Schmutzpartikel aus der Umwelt sowie Ölreste gut emulgieren und mit Wasser abwaschen lassen. Außerdem wird der Säureschutzmantel der Haut nicht angegriffen, wie es bei normalen – auch natürlichen – Seifen der Fall ist.

Anschließend rate ich zur Anwendung eines Gesichtswassers, das Sie wie folgt zubereiten:

❀ Machen Sie einen wässrigen Auszug mit grünem Tee. Dazu bereiten Sie aus einem viertel Kaffeelöffel Grüntee und einer Prise Pfefferminze auf 250 ml Wasser einen Tee zu, lassen ihn 5 Minuten ziehen und anschließend abkühlen.

❀ Geben Sie in ein halbes Glas Wasser (abgekocht und wieder abgekühlt) folgende hoch verdünnte Mineralstoffe: 10 Tabletten Ferrum phosphoricum Nr. 3, 10 Tabletten Kalium phosphoricum Nr. 5 und 10 Tabletten Natrium chloratum Nr. 8. Lassen Sie das Ganze

---

Tipp

Die hoch verdünnten Mineralstoffe können Sie auch selbst gut verarbeiten. Sie sind leicht in Wasser löslich und lassen sich mit etwas Fantasie problemlos kombinieren.

Zutaten
Kokosnussöl
Olivenöl
Traubenkernöl
Wasser
Ätherische Öle (Rosmarin, Teebaum, Salbei)
Seifenfreies, pH-neutrales Syndet

Zutaten
Grüner Tee
Pfefferminze
Wasser
Ferrum phosphoricum Nr. 3
Kalium phosphoricum Nr. 5
Natrium chloratum Nr. 8

Das Gesicht **Spiegel der Seele**

Mein Tipp

„Mädchen und Jungen mit Akneproblemen empfehle ich, an Stelle der Pfefferminze zwei Prisen Stiefmütterchenkraut, vermischt mit Thymian, zu verwenden. Der Mineralstoffmischung sollten zusätzlich 10 Tabletten Natrium phosphoricum Nr. 9 beigefügt werden; es wird die entzündete Aknehaut beruhigen."

ohne umzurühren ein paar Minuten stehen. Dann schütten Sie die Wasserlösung ohne den Milchzuckersatz in den abgekühlten Tee (die Trägersubstanz der hoch verdünnten Mineralstoffe ist Milchzucker, der sich gemeinsam mit den Tablettierungshilfsstoffen im Glas absetzt). Das ist ein gutes biochemisches Gesichtswasser für jeden Hauttyp und hält sich zwei Tage. Sie können es auch für Wangenkompressen verwenden.

Grüner Tee enthält Antioxidanzien, und Pfefferminze erfrischt die Haut. Diese Pflege eignet sich für alle Hauttypen und ist eine Energiemischung für Körper und Haut.

Die Gesichtsmassage

Je mehr Alltagsstress sich im Gesicht ausdrückt, desto mehr verspannt sich die Gesichtsmuskulatur. Die Anwendung von Mineralstoffen nach Dr. Schüßler ist da sehr hilfreich. Verbunden mit der Akupressurmassage erreichen Sie so eine wohltuende Entspannung.

Diese Akupressurmassage sollte 5 bis 10 Minuten lang dauern. Versuchen Sie, sie in Ihr abendliches Reinigungsprogramm einzubeziehen:

✻ Nach der Gesichtsreinigung, wie oben beschrieben, empfehle ich, ein Massageöl mit hoch verdünnten Mineralstoffen dafür zu verwenden. Schütteln Sie die Flasche gut, geben Sie ein paar Tropfen Öl auf die Fingerspitzen und verteilen Sie sie auf dem Gesicht.

✻ Nun massieren Sie mit dem Mittelfinger jeder Hand und gleiten mit den Fingern, wie im Folgenden beschrieben, gleichzeitig von Punkt zu Punkt. Bleiben Sie bei jedem Punkt mindestens 10 Sekunden. Wenn Sie Zeit haben, dehnen Sie die Massage auf eine Minute pro Punkt aus.

✻ Beginnen Sie nun unter dem Haaransatz über dem Mittelpunkt der Augen und massieren Sie kreisförmig nach innen.

Die Gesichtsmassage   Das Gesicht

❀ Dann gehen Sie auf der Stirn zwischen Haaransatz und Augenbrauen weiter nach unten und massieren hier ebenfalls nach innen kreisend.

❀ Drücken Sie mit den Daumen links und rechts des Nasenbeins knapp unter dem Augenbrauenansatz nach oben. Achtung: Das kann etwas schmerzen! Am äußeren Ende der Augenbrauen mit den Fingern massieren Sie kreisförmig nach innen und am äußeren Augenwinkel nach außen.

❀ Jetzt werden die Backenknochen unter dem Augenmittelpunkt nach außen kreisend massiert.

❀ Auf der Höhe der Nasenlöcher wird anschließend kreisförmig nach außen massiert.

❀ Massieren Sie in der Mitte oberhalb der Oberlippe im Uhrzeigersinn und gehen Sie dann weiter in die Mitte des Kinns. Auch hier massieren Sie im Uhrzeigersinn.

❀ Jetzt suchen Sie die Kieferhöhle zu beiden Seiten des Kinns und massieren dort kreisförmig nach außen.

❀ Führen Sie die Finger am Kiefer entlang auf halbem Weg zum Kiefergelenk und massieren Sie auch dort kreisförmig nach außen.

❀ Schließlich suchen Sie den Muskel direkt vor Ihrem Kiefergelenk und massieren diesen Bereich mit geöffnetem Mund kreisförmig in Richtung Hinterkopf.

Nach dieser entspannenden Gesichtsmassage empfiehlt es sich, eine Gesichtscreme aufzutragen, die hoch verdünnte Mineralstoffe enthält.

Tipp

Wenn Sie müde und abgespannt sind, sollten Sie an eine Gesichtsmassage denken. Sie regt Ihren Kreislauf an und bringt die Haut wieder in Schwung. Außerdem entspannt sie die Muskeln und glättet die Haut.

Welche Gesichtscreme ist geeignet?

Als besonders geeignet für die speziellen Anforderungen der sensiblen Gesichtshaut hat sich eine Gesichtscreme erwiesen, die alle notwendigen Betriebsstoffe enthält:

❀ So sorgt Calcium fluoratum Nr. 1 für eine gute Elastizität der Haut und beugt der Verrunzelung der Haut vor, die wir in der Biochemie nach Dr. Schüßler als welke Haut beschreiben. Der Hornstoff, der in der obersten Schicht der Haut enthalten ist, wird durch diesen Mineralstoff elastisch.

Das Gesicht   **Spiegel der Seele**

„Ich empfehle eine leichte feuchtigkeitsspendende Creme ohne Duftstoffe (siehe Anhang). Bei vergrößerten Poren sollten Sie Natrium chloratum Nr. 8 auch einnehmen – etwa 20 bis 30 Stück pro Tag –, da es die Poren rasch wieder kleiner werden lässt."

❁ Die Drüsen in der Haut verbrauchen viel Kalium chloratum Nr. 4. Dieser Mineralstoff erhöht die Fließfähigkeit des Blutes, sodass die feinen Kapillaren in der Haut leichter durchblutet werden. Dies beugt der Couperose vor bzw. mildert sie.

❁ Nicht nur die empfindliche Haut braucht Kalium phosphoricum Nr. 5. Denn dieser Mineralstoff bringt Energie: Die Haut kann sich somit regenerieren und bekommt wieder ein gesundes, vitales Aussehen. In Verbindung mit Natrium chloratum Nr. 8 wird die Bildung neuer Zellen angeregt und der Alterung der Haut vorgebeugt.

Die Gesichtsmassage   Das Gesicht

* Einer der bedeutungsvollsten Betriebsstoffe für die Haut ist das Natrium chloratum Nr. 8. Mit diesem Mineralstoff reguliert der Organismus den Flüssigkeitshaushalt grundsätzlich, also auch den der Haut. Ein Mangel an diesem Mineralstoff zeigt sich im Antlitz durch vergrößerte Poren.

* Oft breiten sich gerade bei Frauen im Gesicht ockerfarbene Flecken aus, die man als Kaffeeflecken bezeichnet. Da diese häufig während einer Schwangerschaft auftreten, werden sie im Übrigen auch Schwangerschaftsflecken genannt. Es kommt also zu Pigmentstörungen. Der Betriebsstoff für eine gesunde Pigmentierung ist Kalium sulfuricum Nr. 6, weil es dem Organismus hilft, die Produktion des Melanins, das für die Pigmentierung zuständig ist, zu steuern. Zur Behandlung von ausgeprägten Pigmentflecken können Sie auch regelmäßig Gesichtsmasken mit einem basischen Bad, etwa BaseCare, machen.

* Mit Natrium phosphoricum Nr. 9 reguliert der Organismus den Säure- und den Fettstoffhaushalt. Ist dieser Haushalt aus dem Lot, so kommt es zur fetten oder aber zur fettarmen, spannenden Haut. In beiden Fällen wirkt Natrium phosphoricum Nr. 9 regulierend und ausgleichend.

* Silicea Nr. 11 ist der Betriebsstoff für die Substanz des Bindegewebes und beugt damit einer übermäßigen Faltenbildung vor. Aus diesem Grund gilt Silicea Nr. 11 auch als Verjüngungsmittel der Biochemie nach Dr. Schüßler. Auch bei diesem Problem empfehle ich parallel die orale Einnahme des Betriebsstoffes.

Natürlich ist gerade für eine Gesichtscreme von besonderer Bedeutung, welche Fette, Öle und pflegenden Substanzen eingearbeitet werden, ist doch unser Gesicht sozusagen unsere Visitenkarte, unser „Entree" beim anderen. Hier sollten Sie also ganz besonders darauf achten, dass die Zutaten auch zu den hoch verdünnten Mineralstoffen passen und diese in ihrer Wirkung optimal zur Geltung kommen lassen. Parfum, Mineralölbestandteile – besonders Paraffin und Vaseline –, aber auch Polyethylenglykol, Alkohol, Triethanolamin oder gar Parabene belasten eher, weil viele Menschen schon darauf sensibilisiert sind.

Tipp

Verwenden Sie nur eine gute Salbengrundlage, die auch Ihr Gesicht pflegt und verwöhnt. Eine solche Grundlage sollte genug feuchtigkeitsspendende Ingredienzien enthalten, wie etwa Jojobaöl (es unterstützt das Feuchtigkeitsbindeverhalten der Haut), und weitere hochwertige Fette und Öle aus der Natur.

Das Gesicht **Spiegel der Seele**

Umsteigen auf Mineralstoffcremes

Die Stoffe der modernen High-Tech-Kosmetik müssen von der Haut mühsam verstoffwechselt und eingebaut werden. Werden diese „Bomben" plötzlich nicht mehr aufgetragen, so schreit die Haut nach der gewohnten Arbeit: Sie spannt oder wirkt trocken. Ich rate dann dazu, am Anfang die neue Gesichtscreme unter der gewohnten Pflege aufzutragen. Allmählich gewöhnt sich die Gesichtshaut, die nur allzu leicht mit Wirkstoffen überfordert wird, an die Mineralstoffcreme.

Tipp

Wenn Sie Probleme mit herkömmlichen Pflegeprodukten haben, sind Mineralstoffcremes eine echte Alternative.

Wenn die Gesichtshaut trotzdem spannt oder Rötungen auftreten, können sich Frauen mit besonders feuchtigkeitsarmer Haut in der Umgewöhnungsphase helfen, indem sie unter die Gesichtscreme ein fettfreies Gel auftragen, das neben den hoch verdünnten Mineralstoffen Aloe Vera und Panthenol enthält (z. B. das Pre und After Sun Gel).

Die Gesichtscreme mit hoch verdünnten Mineralstoffen wird vor allem von all jenen Frauen gut vertragen, die auf viele Pflegeprodukte allergisch und sensibel reagieren. Sie erleben es als wahre Befreiung, die Haut auf ihre natürlichen Aufgaben zurückzuführen, sodass sie wieder jung und frisch wird. Auch in der Winterzeit, die die Haut ja besonders beansprucht, können Frauen mit fettarmer Haut umsteigen; dann empfiehlt sich eine speziell für die Haut geeignete Creme, etwa Askinel.

Die Nachtcreme

Zutaten

Calcium fluoratum Nr. 1
Ferrum phosphoricum Nr. 3
Kalium phosphoricum Nr. 5
Natrium chloratum Nr. 8
Silicea Nr. 11

Als Nachtcreme eignet sich eine fette Creme, wie z. B. Askinel, zur Hautpflege.

Fettarme Haut braucht einfach mehr Fett. Diesen besonderen Bedürfnissen sollten Sie mit einer reichhaltigen Creme wie Askinel Rechnung tragen.

❀ Gerade im Winter eignet sich eine derartige Creme als Tagescreme; sie kann aber auch als Nachtcreme verwendet werden, wenn die Gesichtscreme zu wenig fett erscheint. Kalium phosphoricum Nr. 5 und Natrium chloratum Nr. 8 sorgen für die Regeneration, Fer-

Pigmentflecken im Gesicht   Das Gesicht

Tipp
Die reichhaltige Mineralstoffcreme hilft auch bei verhärteten Narben im Gesicht, wenn sie mehrmals täglich an der betroffenen Hautstelle gut einmassiert wird.

rum phosphoricum Nr. 3 für eine gute Durchblutung und Calcium fluoratum Nr. 1 für eine gute Elastizität, und Silicea Nr. 11 ist für das Bindegewebe zuständig. Wertvolle Fette sind darüber hinaus eingearbeitet, die dann in der Nacht die Haut versorgen.

Eine solche Creme schützt die Haut wunderbar bei niedrigen Temperaturen im Winter oder beim Tauchen, aber auch vor dem Austrocknen durch Wind und Sonne beim Segeln und überheizten Räumen im Winter.

Pigmentflecken im Gesicht

Selbst junge Frauen haben oft viele Flecken im Gesicht, aber auch am ganzen Körper. Sie werden Kaffee- oder Teeflecken, aber auch Schwangerschaftsflecken genannt. Solche Flecken sind häufig von einer gewissen Allergiebereitschaft begleitet.

❀ Pigmentflecken zeigen an, dass der Organismus mit einer großen Belastung von Schadstoffen kämpft. Dies wiederum lässt auf einen beträchtlichen Mangel an Kalium sulfuricum Nr. 6 schließen.

Zutaten
Kalium sulfuricum Nr. 6

Tipp

Die einzelnen hoch verdünnten Mineralstoffe erhalten Sie als fertige Cremegele, die Sie dann ganz einfach selbst zusammenmischen oder, wie im Anschluss beschrieben, auch einzeln auf die Haut auftragen können. Cremegele sind fast fettfrei und sehr feuchtigkeitsspendend, und ihre hoch verdünnten Mineralstoffe werden von der Haut besonders gut aufgenommen.

❁ Dasselbe Problem haben auch Menschen mit vielen Muttermalen. Wer hier konsequent mit den Mineralstoffen in hoch verdünnter Form arbeitet, wird diese Probleme mildern können. Ich empfehle das konsequente Auftragen eines Cremegels (z. B. des Cremegels Nr. 6) auf die betroffenen Hautstellen im Gesicht – und zwar über der Gesichtscreme.

Gesichtsmaske bei Pigmentflecken

Legen Sie zweimal pro Woche eine Gesichtsmaske auf. Dafür eignet sich hervorragend ein basisches Bad wie BaseCare, das übrigens auch als Maske für den ganzen Körper wohltuend wirkt. Wenden Sie es gegen Akne und Pigmentflecken, zur Pflege Ihrer Figur, aber auch bei übermäßiger Verschlackung der Haut an.

Zutaten
Basischer Badezusatz
Wasser

❁ Rühren Sie den Badezusatz mit warmem Wasser einfach zu einem zähen Brei an und tragen Sie ihn dick auf die betroffene Hautpartie auf. Lassen Sie ihn 15 bis 20 Minuten einwirken, wenn gewünscht auch länger. Nachdem er angetrocknet ist, nehmen Sie ihn mit warmem Wasser wieder ab.

„Zusätzlich zum Cremegel rate ich zur Einnahme der Mineralstoffe Kalium sulfuricum Nr. 6 (10 Stück) und Natrium sulfuricum Nr. 10 (15 Stück) sowie zusätzlich noch Cuprum arsenicosum Nr. 19 (7 Stück)."

Cremegel für unreine Haut

Bei Akne entzünden sich die durch übermäßige Fettabsonderung auf Grund eines Mangels an Natrium phosphoricum Nr. 9 verstopften Talgdrüsen. Die Entzündung greift bei einer schwachen Immunabwehr der Haut auch auf die erweiterten Talg- und Follikeldrüsen über, Pickel entstehen, und die Akne ist da.

Zutaten
Ferrum phosphoricum Nr. 3
Kalium chloratum Nr. 4
Natrium phosphoricum Nr. 9
Silicea Nr. 11
Calcium sulfuricum Nr. 12

❁ Ausgleichend wirkt hier ein Mineralstoffcremegel wie Seborive. Als Unterstützung empfiehlt sich dringend die Einnahme von 20 bis 30 Tabletten Natrium phosphoricum Nr. 9 pro Tag. Der entzündete rote Hof der Pickel geht durch Ferrum phosphoricum Nr. 3 zurück, die Talgdrüsen erholen sich durch die Versorgung mit Kalium chloratum Nr. 4, der Säurehaushalt der Haut wird durch Natrium phosphoricum Nr. 9 reguliert, und Silicea Nr. 11 baut wiederum das Bindegewebe auf. Die Durchlässigkeit des Gewebes und damit auch der Fettabbau wird durch Calcium sulfuricum Nr. 12 gewährleistet.

Damit kommt es auch rasch zu einer psychischen Entlastung, die zusätzlich zu einer Entspannung führt. Und jegliche Entspannung ist dazu angetan, den Heilungsprozess zu fördern.

Tipp
Bei Akne sollte begleitend zu allen äußerlichen Maßnahmen unbedingt auch auf eine Umstellung der Ernährung geachtet werden, um den Heilungsprozess auch von innen zu betreiben.

Gesichtskompressen und -masken selbst herstellen

Zusätzlich zur kosmetischen Anwendung (wie oben beschrieben) können die Mineralstofftabletten sehr erfolgreich im Gesicht, aber auch auf anderen Körperstellen als Kompresse oder Maske angewendet werden. Sie sorgen damit ebenso für eine vitale, gepflegte, strahlende und widerstandsfähige Haut wie auch für die Verbesserung des Teints.

Die Zubereitung
Kompressen für Gesicht (und Körper)

❋ Geben Sie die Mineralstoffmischung, die jeweils für den von Ihnen gewünschten Zweck empfohlen wird, in eine Schüssel und gießen Sie warmes bis heißes Wasser darüber. Die Temperatur sollte so gewählt werden, dass sich die Mineralstofflösung auf der Haut angenehm warm und nicht zu heiß anfühlt. Denken Sie dabei daran, dass durch die Anwendung der Kompresse das Wasser beim Hautkontakt nicht mehr so warm ist wie in der Schüssel.

Zutaten
die jeweils empfohlene Mineralstoffmischung
Wasser

Das Gesicht **Spiegel der Seele**

Info

Diese Art der warmen Kompresse bewirkt, dass die Haut besser durchblutet wird und dadurch aufnahmefähiger für die hoch verdünnten Mineralstoffe ist.

Zutaten

Die jeweils empfohlene Mineralstoffmischung
Wasser

Info

Die angegebenen Mineralstoffe werden im Gesicht entweder als Kompressen oder Maske angewendet. Je nach Größe des Anwendungsgebietes variiert die benötigte Menge. Für das gesamte Gesicht erfordert die Kompresse je 20 Tabletten pro Mineralstoff, die Maske 30 bis 40 Tabletten pro Mineralstoff. Für Kompressen und Masken am Körper werden entsprechend größere Mineralstoffmengen verwendet, je nach Fläche der Körperstelle, die mit hoch verdünnten Mineralstoffen versorgt werden soll.

Zutaten

Natrium chloratum Nr. 8
Natrium sulfuricum Nr. 10

❁ Rühren Sie die Lösung mit einem hölzernen Löffel um, damit sich die Mineralstoffe schneller auflösen, und tauchen Sie ein kleines Handtuch vollständig in die Schüssel. Wringen Sie es gut aus, sodass es nicht mehr tropft, bedecken Sie die entsprechende Körperstelle damit und drücken Sie das Handtuch gut an. Diesen Vorgang sollten Sie öfter wiederholen.

Zubereitung
Masken für Gesicht (und Körper)

Geben Sie die Mineralstoffmischung, die jeweils für den von Ihnen gewünschten Zweck empfohlen wird, in eine Schüssel und gießen Sie handwarmes Wasser darüber. Vermengen Sie alles, bis ein weicher Brei entsteht. Er darf nicht zu flüssig sein, damit er beim Auftragen nicht verläuft, aber auch nicht zu fest, damit ein leichtes Auftragen möglich ist.

Tragen Sie ihn auf und lassen Sie ihn etwa 10 Minuten einwirken. Sie können den Brei immer wieder mit Wasser anfeuchten oder ein ausreichend großes Stück Frischhaltefolie (im Gesicht Löcher für Nase und Augen ausschneiden) darüber legen.

Die einzelnen Indikationen

Nicht nur trockene Haut, Mitesser oder Akne machen uns im Alltag zu schaffen: Aus Erfahrung wissen wir, dass jede durchfeierte oder durchgearbeitete Nacht, aber auch Stress und andere Unregelmäßigkeiten Spuren im ganzen Gesicht hinterlassen. Doch auch hier schaffen die hoch verdünnten Mineralstoffe nach Dr. Schüßler Abhilfe.

Verschwollene Augen und Tränensäcke

Haben Sie schon daran gedacht, Ihren Schlafplatz von einem erfahrenen Rutengeher überprüfen zu lassen? Vor allem elektromagnetische Belastungen bewirken einen Schadstoffstau im Körper, der sich in Schwellungen der Extremitäten, aber auch der Augenpartie äußert. Den Schlafplatz sollten Sie vor allem dann in Ihre Überlegungen einbeziehen, wenn die Beschwerden am Morgen am schlimmsten sind.

Bei verschwollenen Augen nehmen Sie am besten Natrium chloratum Nr. 8 (15 Stück) und Natrium sulfuricum Nr. 10 (20 bis 30 Stück) ein.

Mineralstoffe für Gesichtskompressen und -masken

Trockene Haut (feuchtigkeitsarm)
❀ Natrium chloratum Nr. 8 (entsprechend der obigen Mengenangabe für eine Gesichtsmaske) als Maske oder Kompresse anwenden.

❀ Anschließend ein Mineralstoff Pre und After Sun mit Aloe Vera zuerst im Gesicht auftragen, darüber eine Mineralstoff-Gesichtscreme einmassieren.

Trockene Haut (fettarm)
❀ Natrium phosphoricum Nr. 9 als Maske oder Kompresse.

❀ Danach eine eher fette Mineralstoffcreme auftragen, z. B. Askinel Creme.

Große Poren (Feuchtigkeitsmangel)
❀ Natrium chloratum Nr. 8 als Maske oder Kompresse an.

❀ Anschließend das Pre und After Sun Gel in Kombination mit der Mineralstoff-Gesichtscreme anwenden (Vorgehensweise wie oben).

Mischhaut (fett und fettarm) und fette Haut
❀ Eine Kompresse oder Maske mit Natrium phosphoricum Nr. 9 machen.

❀ Darüber eine Mineralstoff-Gesichtscreme auftragen.

Akne
❀ Für eine Maske oder Kompresse Ferrum phosphoricum Nr. 3, Kalium chloratum Nr.4, Natrium chloratum Nr. 8, Natrium phosphoricum Nr. 9 je zu gleichen Teilen mischen.

❀ Dann eine Cremegelmischung auftragen z. B. Seborive.

Narben
❀ Calcium fluoratum Nr.1, Kalium phosphoricum Nr. 5 und Natrium chloratum Nr. 8 für eine Maske zu gleichen Teilen mischen.

❀ Dann z. B. eine fette Mineralstoffcreme wie Askinel lokal einmassieren.

Eingewachsene Haare
(bei Frauen vom Harzen der Oberlippe oder Augenbrauenzupfen, bei Männern von der Rasur)

❀ Calcium fluoratum Nr.1, Ferrum phosphoricum Nr. 3, Kalium phosphoricum Nr. 5 und Natrium chloratum Nr. 8 zu gleichen Teilen mischen.

❀ Dann eine Mineralstoff-Gesichtscreme auftragen.

Hautgrieß und Grießkörner:
❀ Kalium chloratum Nr.4 als Maske oder Kompresse auf den betroffenen Hautstellen verwenden.

❀ Danach Cremegel Nr. 4 ebendort auftragen.

Pigmentflecken
❀ Kalium sulfuricum Nr. 6 und Natrium sulfuricum Nr. 10 zu gleichen Teilen mischen und als Maske oder Kompresse anwenden.

❀ Danach Cremegel Nr. 6 auf die betroffenen Hautstellen auftragen und darüber eine Mineralstoff-Gesichtscreme.

Mitesser
❀ Natrium phosphoricum Nr. 9 anwenden.

❀ Danach die Gesichtsreinigung mit Stiefmütterchen- und Thymiantee anschließen.

❀ Zum Schluss eine Cremegelmischung für Akne, z. B. Seborive auftragen.

Falten
❀ Calcium fluoratum Nr. 1, Kalium phosphoricum Nr. 5, Natrium chloratum Nr. 8 und Silicea Nr. 11 als Maske oder Kompresse anwenden.

❀ Anschließend die Körperpartie mit einer aufbauenden Mineralstoffcreme, etwa Askinel, gut eincremen.

Couperose
❀ Eine Kompresse oder Maske mit Calcium fluoratum Nr. 1, Kalium chloratum Nr. 4, Natrium phosphoricum Nr. 9 und Silicea Nr. 11 zu gleichen Teilen herstellen.

❀ Dann auf die betroffenen Stellen das Cremegel Nr. 4 auftragen und darüber eine Mineralstoff-Gesichtscreme verwenden, wie beschrieben.

Grau im Gesicht (Erschöpfung)
❀ Eine Maske mit Kalium phosphoricum Nr. 5 und Natrium chloratum Nr. 8 zu gleichen Teilen anwenden. Besonders empfehlenswert ist eine Maske mit diesen Mineralstoffen, wenn ein frischer und strahlender Teint erwünscht ist.

Das Gesicht **Spiegel der Seele**

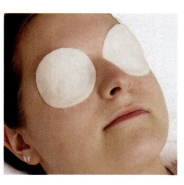

Hier empfehle ich zusätzlich die Anwendung von Augenkompressen (siehe unten).

Augenkompressen
Bei müden, abgespannten, strapazierten, trockenen Augen, Schlupflidern, aber auch bei geschwollenen Augenlidern sind Kompressen hilfreich. Sie lösen dazu die folgenden Mineralstoffe (jeweils 15 Stück) in Wasser auf und machen eine Augenkompresse, wie es beschrieben wurde, indem Sie ein Wattepad mit der Mineralstofflösung tränken und auflegen.

Müde und abgespannte Augen

Zutaten
Calcium fluoratum Nr. 1
Ferrum phosphoricum Nr. 3
Kalium phosphoricum Nr. 5
Natrium chloratum Nr. 8
Natrium sulfuricum Nr. 10
Silicea Nr. 11

❁ Bereiten Sie einen sehr dünnen Tee aus Augentrost zu und lösen Sie die angegebenen Mineralstoffe darin auf. Lassen Sie die Lösung abkühlen und stehen, bis sie ziemlich klar ist, dann gießen Sie sie ab, verwerfen den Milchzuckersatz und machen mit der auf Wattepads aufgetragenen klaren Lösung lauwarme bis kühle Augenkompressen.

Geschwollene Tränensäcke

Zutaten
Natrium chloratum Nr. 8
Natrium sulfuricum Nr. 10
ein abschwellendes Gel mit Mineralstoffen wie das Pre und After Sun Gel

❁ Machen Sie mit Natrium chloratum Nr. 8 und Natrium sulfuricum Nr. 10 Augenkompressen.

❁ Danach tragen Sie vorsichtig ein abschwellendes Mineralstoffgel, z. B. das Mineralstoff Pre und After Sun Gel mit Aloe Vera, um die Augen auf. Achten Sie aber darauf, dass nichts davon in die Augen kommt – dies ist kein Augengel!

Wer eine besonders intensive Wirkung der Mineralstoffe erreichen möchte, kann auch einen Brei mit Mineralstoffen auftragen. Achten Sie auch dabei unbedingt darauf, dass er nicht in die Augen kommt.

Trockene Augen

Zutaten
Natrium chloratum Nr. 8

❁ Bereiten Sie Kompressen mit Natrium chloratum Nr. 8 und nehmen Sie den Mineralstoff auch ein: pro Tag 20 bis 30 Stück.

Schlupflider
❋ Bereiten Sie Kompressen aus Calcium carbonicum Nr. 22 und nehmen Sie zusätzlich 20 bis 30 Tabletten dieses Mineralstoffes pro Tag ein.

Zutaten
Calcium carbonicum Nr. 22

Gesichtshaare zupfen oder harzen
Wie immer Gesichtshaare entfernt werden, ob durch Zupfen oder Harzen – die Haut ist infolge des massiven Eingriffes in ihr System stark sensibilisiert.

Zutaten
Ferrum phosphoricum Nr. 3

❋ Schnell und wirksam hilft hier Ferrum phosphoricum Nr. 3, eingenommen und als Kompresse, Brei oder Cremegel aufgetragen. Bald wird sich die beruhigende Wirkung einstellen.

❋ Darüber sollte anschließend im Gesicht die Mineralstoff-Gesichtscreme und am Körper eine entsprechende Creme (etwa die Körpercreme Regeneration) aufgetragen werden.

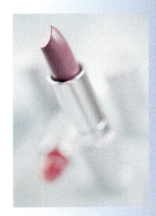

Rissige Lippen, eingerissene Mundwinkel
Vor allem im Winter leiden viele Frauen unter rissigen Lippen, aber auch eingerissenen Mundwinkeln. Durch die vermehrt notwendige Elastizitätsleistung verliert die oberste Schicht der Haut Calcium fluoratum Nr. 1; dies ist der Betriebsstoff für die Elastizität, der bei jedem Zusammenziehen der Gewebe bei Kälte und dem Dehnen in der Wärme verbraucht wird. Im Winter verliert die verhornte Schicht in der Oberhaut ihre Elastizität, der in ihr enthaltene Hornstoff wird spröde, und die Haut wird rau. Besonders auch die Lippen leiden unter dieser Beanspruchung.

Lippenbalsam
Gegen rissige Lippen empfiehlt sich ein Lippenbalsam mit Mineralstoffen, in dem auch Panthenol enthalten sein sollte.

❋ Das eingearbeitete Calcium fluoratum Nr. 1 wirkt bei spröden bzw. rissigen Lippen, Ferrum phosphoricum Nr. 3 baut ein starkes Immunfeld auf und beugt allen Entzündungen vor. Natrium chloratum Nr. 8 sorgt für die notwendige Feuchtigkeit der Lippen und in Kombination mit Natrium sulfuricum Nr. 10 beugt es Lippenbläschen vor. Silicea Nr. 11 verhilft den Lippen zu einem straffen Bindegewebe.

Das Gesicht   **Spiegel der Seele**

Solch ein Lippenbalsam pflegt besonders die zarte Haut der Lippen. Ich achte immer darauf, dass auch wertvolle Öle und Fette enthalten sind, wie Sheabutter und eventuell Avocadoöl, das einen hohen Anteil an ungesättigten Fettsäuren aufweist.

Lippenfältchen

Zutaten
Calcium fluoratum Nr. 1
Natrium phosphoricum Nr. 9
Silicea Nr. 11

Nehmen die senkrechten Fältchen über der Oberlippe überhand, so kann das allein schon unangenehm sein. Werden aber aus den Fältchen regelrechte Falten, so wird es höchste Zeit, die Mineralstoffe anzuwenden. Im Grunde genommen drücken diese Fältchen bzw. Falten nämlich eine Übersäuerung des Verdauungstraktes aus.

- Oft hilft es, einen Lippenbalsam mit Mineralstoffen und Panthenol wie den erwähnten reichlich oberhalb und unterhalb der Lippen einzumassieren.
- Zusätzlich müssen die Ernährungsgewohnheiten umgestellt und auch die entsprechenden Mineralstoffe eingenommen werden: Calcium fluoratum Nr. 1 (7 Tabletten), Natrium phosphoricum Nr. 9 (15 Tabletten), Silicea Nr. 11 (15 Tabletten).
- Sie können auch wie beschrieben aus den einzelnen Mineralstoffsalben mit den oben angegebenen hoch verdünnten Mineralstoffen eine fette Lippensalbe zusammenmischen und auftragen.

Strahlend weiße Zähne mit Mineralstoff-Zahnpaste

Das Innere der Mundhöhle ist von einer zarten Mundschleimhaut ausgekleidet und Nährboden für eine vielfältige Mundflora, die gemeinsam mit dem Speichel den ersten Schritt der Verdauung bewältigt. Die Speichelflüssigkeit enthält Mineralstoffe und Enzyme, die eine erste Vorreinigung der Zähne vornehmen und den Zahnschmelz vor dem Angriff schädlicher Säuren schützen. Denn durch die Nahrung gelangen einerseits Säuren direkt in den Mundraum, z. B. in Obst enthaltene Fruchtsäuren, andererseits entstehen Säuren als Stoffwechselprodukte bei der Umwandlung von Zucker durch Bakterien.

Info
Gepflegte Zähne machen nicht nur ein sympathisches Lächeln: Das reibungslose Zusammenspiel von Zähnen und Mundflora erfüllt Aufgaben, die für den gesamten Organismus wichtig sind. Schließlich stellt der Mund eine wichtige Verbindung zwischen der Umwelt und dem Körperinneren dar.

Um den Zahnschmelz vor schädlichen Säuren zu schützen, müssen diese neutralisiert werden. Im natürlichen physiologischen Prozess übernimmt der Speichel, der beim gesunden Menschen leicht basisch ist, diese Aufgabe.

Die einzelnen Indikationen Das Gesicht

- Basische Mineralstoffzahncremes (etwa BaseDent) sind in der Lage, diese Vorgänge zu unterstützen. Ein Bestandteil solcher Zahncremes ist Natriumbicarbonat. Es verhindert durch seinen basischen pH-Wert eine übermäßige Säurebelastung im Mundraum. Zudem ist es ein sanfter Putzkörper, der den Zahnschmelz schont. Indem es den Speichelfluss anregt, verstärkt es die natürliche Selbstreinigung und hemmt die Neubildung von Zahnstein.

- Die hoch verdünnten Mineralstoffe der BaseDent versorgen zudem den Zahnschmelz, festigen den Halt der Zähne im Kiefer und straffen das Zahnfleisch. Unterstützt wird diese Wirkung durch die im Hamamelisextrakt enthaltenen Gerbstoffe und die wundheilende Wirkung der Ringelblume.

- Eine derartige Zahncreme kann Zahnfleischbluten, Zahnfleischschwund und Zahnfleischentzündungen verhindern. Enthält sie wie etwa BaseDent natürliche Extrakte aus Orange, Zitrone und Fenchel, so sorgt sie nicht nur für ein mildes Frischegefühl im Mund, sondern wirkt auch antibakteriell und entzündungshemmend. Zudem sollte sie frei von Schleimhaut reizenden ätherischen Ölen (wie Pfefferminzöl oder Menthol) sein, damit sie auch in Zeiten der Einnahme von homöopathischen Arzneimitteln verwendet werden kann.

Mundgeruch

Eine sehr unangenehme Erscheinung – sowohl für den Betroffenen selbst als auch für das Gegenüber – ist Mundgeruch, der manchmal nicht einmal durch eine qualitätsvolle Mundhygiene verschwindet.

- Ursache dafür ist der Mangel an einem wichtigen Betriebsstoff, nämlich Kalium phosphoricum Nr. 5. Nach einigen Wochen der Einnahme dieses Betriebsstoffes verschwindet der Mundgeruch. In einer entsprechenden Zahncreme (beispielsweise BaseDent) sollte dieser Mineralstoff eingearbeitet sein, um dem Mundgeruch entgegenzuwirken.

Tipp

Die Mundhöhle gilt als erster „Vergiftungsraum" des Körpers. Die regelmäßige Anwendung einer basischen Mineralstoffzahncreme kann jedoch einer übermäßigen Belastung des Mundraums durch Schadstoffe wirksam vorbeugen.

Zutat
Kalium phosphoricum Nr. 5

pflege

Körperpflege   Pflege der Seele

Pflege der Seele

Körperpflege ist eine wichtige Voraussetzung für unser Wohlbefinden ebenso wie für unsere Gesundheit. Und noch etwas darf dabei nicht vergessen werden: Wenn wir uns Zeit für uns selbst nehmen und unseren Körper pflegen, pflegen wir auch unsere Seele.

Baden und Duschen

Alles Leben kommt aus dem Wasser: Auch unser Körper besteht zu über 60 Prozent aus Wasser. Deshalb ist das Baden nicht nur Reinigung, sondern hat für uns eine viel weiter reichende Bedeutung. Die Energie des Wassers kann uns erfrischen und regenerieren. Aber damit nicht genug: Wir sind in der Lage, über die Haut Wirkstoffe aus dem Wasser aufzunehmen. Desgleichen kann die Haut als eine Art Austauschsystem auch Belastungsstoffe ans Wasser abgeben. Aus diesem Grund ist die Wahl des Badezusatzes für unser Vollbad entscheidend für die Wirkung des Bades auf unseren Körper und unsere Haut.

Duschgel für Körper und Haare

Ein Mineralstoff-Duschgel (etwa das Mineralstoff-Duschgel für Körper und Haare) eignet sich nicht nur zum Duschen, sondern kann auch für ein entspannendes Schaumbad und die tägliche Haarwäsche verwendet werden, denn es versorgt die Haut optimal mit Mineralstoffen. Wir verwenden eine milde Seifengrundlage, deren pH-Wert dem des Säureschutzmantels der Haut entspricht.

* Die eingearbeiteten hoch verdünnten Mineralstoffe bewirken eine Regeneration, Entspannung und Feuchtigkeitspflege. Calcium fluoratum Nr. 1 sorgt für Elastizität in der Haut, Ferrum phosphoricum Nr. 3 ist für die erhöhte Durchblutung des Körpers zuständig. Mit Kalium chloratum Nr. 4 werden alle Drüsen in der Haut versorgt, Kalium phosphoricum Nr. 5 und Natrium chloratum Nr. 8 wiederum regenerieren und befeuchten die Haut, und Kalium sul-

Tipp

Ein Duschgel, das hoch verdünnte Mineralstoffe enthält, reinigt Körper und Haare nicht nur grundlegend, es sorgt auch für eine vitalisierende Erfrischung.

furicum Nr. 6 ist für die Regulierung der Hautpigmentierung sowie für die Pigmentierung der Kopfhaare unerlässlich. Natrium phosphoricum Nr. 9 steuert den Fettstoffhaushalt, und Silicea Nr. 11 schließlich stärkt das Bindegewebe.

❁ Zusätzlich sollten pflegende Stoffe eingearbeitet sein, wie etwa ein Weizenkeimextrakt, um die Biomembranen der Haut zu regenerieren, sowie das hautpflegende Panthenol. Ein angenehmer Frischeduft, der nach dem Duschen wieder verfliegt, sollte mit natürlichen Fruchtextrakten, wie z. B. einem natürlichen Orangenextrakt, erreicht werden, weil Parfumstoffe für sensible Menschen problematisch sind. Da allergische Reaktionen durch Duftstoffe allgemein zunehmen, sollte kein ätherisches Öl enthalten sein. Auch auf das Konservierungsmittel ist zu achten: Es sollte für die Naturkosmetik zugelassen sein.

Verwenden Sie ein mildes Duschgel mit hoch verdünnten Mineralstoffen: Es wird auch von allergischen und sensibilisierten Menschen gut vertragen. Ihre Haut wird es Ihnen danken!

Schwitzen und Körpergeruch

Wenn es dem Organismus nicht mehr gelingt, Belastungsstoffe über die Ausscheidungsorgane auszuscheiden, bleibt ihm als Ausweg das Ausschwitzen über die Körperhaut. Schweiß besteht zu 99 Prozent aus Wasser, in dem mineralische Substanzen mit ausgeschieden werden, vor allem Natrium chloratum Nr. 8, aber auch Harnstoff, Aminosäuren, Milchsäure, Harnsäure und andere organische Verbindungen. Auf diesem Wege kann sich der Körper auch belastender Stoffe aus der Umwelt entledigen und sogar Arzneimittelabbauprodukte ausschwitzen.

Körpergeruch ist also nicht immer Ausdruck mangelnder Körperhygiene, sondern vielmehr oft

Tipp
Schweiß reguliert die Körpertemperatur durch die Verdunstungskälte; er ist für den sauren pH-Wert und mithin den Säureschutzmantel der Haut verantwortlich. Die im Schweiß enthaltene Harnsäure filtert auf natürlichem Wege die UV-B-Strahlung aus dem Sonnenlicht aus. Schwitzen ist also gesund!

Körperpflege   Pflege der Seele

Mein Tipp

„Zusätzlich lasse ich mir gern ein Vollbad mit einem basischen Badezusatz (etwa BaseCare) einlaufen, da die Belastungsstoffe bei konsequenter Anwendung als Bad oder Maske auf diese Art und Weise wunderbar ausgeschieden werden können. Damit ist eine dauerhafte Entschlackung der Haut möglich."

Info

Die Haut ist das größte Ausscheidungsorgan des Körpers. Deshalb spielt sie beim Abbau von Schadstoffen und Säuren eine wichtige Rolle.

ein Zeichen dafür, dass über die Haut Belastungsstoffe ausgeschieden werden. Sie sind es nämlich, die den Körpergeruch unangenehm verändern. Hier hilft das tägliche Duschen mit einem Mineralstoff-Duschgel für Körper und Haare.

Entschlacken durch basische Bäder

Das Vollbad ist für den Körper die angenehmste Form der Entspannung. Dabei geht es beim Badezusatz nicht nur um das Dufterlebnis, sondern auch um die bestmögliche Versorgung des Körpers mit notwendigen Betriebsstoffen sowie um eine Befreiung von belastenden Stoffen.

Einer der intensivsten Ausscheidungsvorgänge ist das Schwitzen. Wird die Entlastung von Schadstoffen über ein Bad angestrebt, so sollte die Badetemperatur über der Körpertemperatur liegen, also über 37 Grad Celsius. Beim Baden mit basischen Mineralstoffbädern wie BaseCare kommt jedoch nicht nur der Badetemperatur große Bedeutung zu, sondern in besonderem Maße auch dem pH-Wert.

Durch die Beimengung geeigneter Mineralstoffe entsteht im Badewasser ein pH-Wert von mindestens 8. Ein osmotischer Druck stellt sich ein, durch den die Säuren aus dem Körper ausgeleitet werden. Da wir fast alle übersäuert sind, wird durch Ausscheidung von Säuren aus der

Abnehmen und Baden

Wenn Sie abnehmen möchten, ersparen Sie sich Hungerattacken (die durch Säurefluten ausgelöst werden), indem Sie die überschüssige Säure möglichst sanft aus dem Körper ausleiten. Dies erreichen Sie durch häufiges Baden mit einem basischen Badezusatz wie BaseCare und durch die gleichzeitige Einnahme eines geeigneten Mineralstoffpräparates, beispielsweise Zell Fit.

Nach etwa 30 Minuten Badezeit beginnt der Körper infolge der hohen Wassertemperatur zu schwitzen und mit dem Schweiß die Schadstoffe abzustoßen. Sie werden sehen: Das Abnehmen geht leichter.

Haut der pH-Wert des Bades allmählich auf den physiologischen pH-Wert von 7,4 gesenkt.

Warum basische Bäder?

Basische Mineralstoffbäder wie BaseCare sind das Mittel der Wahl, wenn Entschlackung und eine Tiefenreinigung der Haut vonnöten sind, also bei Akne und Pigmentflecken. Sie unterstützen das Abnehmen mit Hilfe von Präparaten mit hoch verdünnten Mineralstoffen, beispielsweise Zell Fit.

Ferner können sie bei allen Problemen der Hautübersäuerung, wie Juckreiz und Ekzemen, aber auch bei Schlackenüberfüllung und geschwollenen Händen, Beinen und Füßen helfen. Zusätzlich klären sie den Teint und lassen sich auch als Gesichts- oder Körpermaske anwenden.

Wie wende ich ein basisches Bad an?

Vollbad: Bei Bedarf ist es möglich, täglich ein basisches Bad zu nehmen.

- Dosierung: 3 Esslöffel Badezusatz
- Empfohlene Badedauer: 30 bis 50 Minuten
- Badetemperatur: 37 bis 38 Grad Celsius, in jedem Fall leicht über der Körpertemperatur und gleichbleibend über die gesamte Badedauer.

Basisches Sitzbad: Basische Sitzbäder helfen besonders gut bei Problemen im Genital- und Analbereich.

- Dosierung: 1 Esslöffel Badezusatz
- Empfohlene Badedauer: 10 bis 40 Minuten
- Hinweis: Menschen mit hohem Blutdruck, Kreislaufschwierigkeiten oder gar Herzproblemen dürfen keine Bäder über Körpertemperatur durchführen. Für sie liegt die ideale Badetemperatur bei 35 bis 36,5 Grad Celsius.

Mineralstoffe nach Dr. Schüßler als Badezusatz

Wenn Sie sich etwas besonders Gutes tun wollen, geben Sie gezielt hoch verdünnte Mineralstoffe ins Badewasser. Dosierung: Für ein Vollbad benötigen Sie 2 bis 3 Esslöffel Mineralstofftabletten (auch als Mischung).

Zur Entspannung

* Calcium fluoratum Nr. 1
* Calcium phosphoricum Nr. 2
* Ferrum phosphoricum Nr. 3
* Kalium phosphoricum Nr. 5
* Magnesium phosphoricum Nr. 7
* Natrium chloratum Nr. 8

Zur Erfrischung

* Ferrum phosphoricum Nr. 3
* Magnesium phosphoricum Nr. 7

Bei Körperakne

* Ferrum phosphoricum Nr. 3
* Kalium chloratum Nr. 4
* Natrium chloratum Nr. 8
* Natrium phosphoricum Nr. 9

Bei geschwollenen Händen, Unterschenkeln und Füßen

* Natrium chloratum Nr. 8
* Natrium sulfuricum Nr. 10

Bei Pigmentflecken

* Kalium sulfuricum Nr. 6
* Natrium sulfuricum Nr. 10

Bei Muttermalen

* Kalium phosphoricum Nr. 5
* Kalium sulfuricum Nr. 6
* Natrium chloratum Nr. 8
* Natrium sulfuricum Nr. 10

Bei Krampfadern, Besenreisern und Hämorrhoiden

* Calcium fluoratum Nr. 1
* Kalium chloratum Nr. 4
* Natrium phosphoricum Nr. 9
* Silicea Nr. 11

Bei schlaffer Haut nach dem Abnehmen

* Calcium fluoratum Nr. 1
* Kalium phosphoricum Nr. 5
* Natrium chloratum Nr. 8
* Silicea Nr. 11

Sauna und Wellness

Wellness ist das magische Schlagwort für Regeneration und junges, frisches Aussehen. Gemeint ist damit hauptsächlich die Wirkung des heilkräftigen Wassers einer Therme. Der Einwirkung von bestimmten Mineralstoffen, der Wärme und der Kraft der Erde wird die Freisetzung wohltuender Regenerationskräfte im Körper zugeschrieben. Ein Übriges dazu tun die Ruhe und Entspannung, die mit einem Aufenthalt in einer Therme verbunden sind.

Es gilt als erwiesen, dass regelmäßige Saunagänge die Abwehr stärken, sodass man seltener oder gar nicht mehr krank wird. Aber auch der Schönheit erweist die Sauna gute Dienste: Durch die Wärme werden die Poren der Haut geöffnet und viele Schadstoffe ausgeschwitzt, sodass sich die Haut grundlegend reinigen kann. Desgleichen wird die Hautdurchblutung gefördert und der Blutkreislauf gestärkt. Durch das darauffolgende Abkühlen beim Kaltbaden oder -duschen wird die Elastizität aller Gewebe beansprucht und gefördert.

Tipp

Eine gut durchblutete Haut wirkt jünger, ist frischer und lebendiger. Deshalb ist die Sauna für eine gesunde Schönheitspflege sehr zu empfehlen. Allerdings sollten Sie danach unbedingt die notwendigen Pflegemaßnahmen für die Haut durchführen.

Der Saunacocktail: Ein ganz besonderes Getränk

Durch die starke Beanspruchung während der Sauna werden im Körper auch Betriebsstoffe verbraucht, die wieder aufgefüllt werden müssen. In besonderem Maße trifft das auf Natrium chloratum Nr. 8 zu.

❋ Um die Entschlackung der Haut und des Körpers zu unterstützen, rate ich dazu, zwischendurch die folgende Mineralstoffmischung in Wasser aufgelöst als „Saunacocktail" einzunehmen:
– Calcium fluoratum Nr. 1, 10 Tabletten
– Ferrum phosphoricum Nr. 3, 15 Tabletten
– Kalium phosphoricum Nr. 5, 10 Tabletten
– Kalium sulfuricum Nr. 6, 7 Tabletten
– Natrium chloratum Nr. 8, 20 Tabletten
– Natrium sulfuricum Nr. 10, 20 Tabletten

Zutaten

Calcium fluoratum Nr. 1
Ferrum phosphoricum Nr. 3
Kalium phosphoricum Nr. 5
Kalium sulfuricum Nr. 6
Natrium chloratum Nr. 8
Natrium sulfuricum Nr. 10

Vorsicht

Bearbeiten Sie mit einer weichen Körperbürste oder einem Luffaschwamm nur den Körper. Die Gesichtshaut ist dafür zu zart. Auch die Brüste sollten Sie auslassen, da sich ihre Haut leicht entzünden könnte.

Sauna macht durstig! Sie sollten diesen Cocktail aber bitte nicht hinunterschütten, sondern Schlückchen für Schlückchen zu sich nehmen – denn nur dann wirken die Mineralstoffe auch entlastend!

Bürstenmassage: Belebung der Haut

Für Ihren Körper ist die Bürstenmassage ein wahrer Jungbrunnen! Sie belebt die Haut, steigert ihre Durchblutung und verleiht ihr ein strahlendes Aussehen. Trockene und abgestorbene Hautzellen werden weitgehend entfernt, sodass Hautpflegecremes, auch solche mit hoch verdünnten Mineralstoffen, besser aufgenommen werden können.

Morgens und abends bürsten heißt auch das Geheimrezept, wenn Sie zu Cellulite neigen. Das Lymphsystem wird angeregt und Schlackenstoffe sowie Fettansammlungen können mobilisiert und dem Stoffwechsel zugeführt werden. Nehmen Sie zusätzlich ein Mineralstoffpräparat wie Zell Fit ein, das diese Stoffe aus dem Körper ausscheiden hilft.

- Beginnen Sie bei den Füßen, streichen Sie dann die Beine entlang nach oben und gehen Sie zu Hüften, Po und Bauch über.
- Nun folgen die Arme – fangen Sie bei den Händen an und bürsten Sie über den Arm zur Schulter hin.
- Arbeiten Sie immer zum Herzen hin und drücken Sie nicht zu stark auf, da sonst Äderchen platzen könnten.
- Um die Reibung zu vermindern, können Sie den Schwamm oder die Bürste auch anfeuchten oder die Massage beim Duschen oder Baden durchführen. Besonders während eines basischen Vollbads ist eine langsame Massage wichtig, um die Entschlackung zu fördern.

Die Pflege nach dem Bad

Nach dem Baden sollten Sie Ihre Haut sorgsam eincremen, damit Feuchtigkeitshaushalt und Geschmeidigkeit durch die Einwirkung des Wassers keinen Schaden nehmen.

Feuchtigkeitsspendende Lotion

Wählen Sie eine Körperlotion, die mit hoch verdünnten Mineralstoffen die Haut pflegt und ihr Feuchtigkeit spendet (beispielsweise Tendiva).

* Calcium fluoratum Nr. 1 erhält die Haut elastisch. Kalium phosphoricum Nr. 5 versorgt sie mit Energie und fördert damit den Hautstoffwechsel; gemeinsam mit Natrium chloratum Nr. 8 unterstützt es auch die Regeneration. Silicea Nr. 11 gibt der Haut wieder Struktur und Festigkeit und wirkt einer übermäßigen Faltenbildung entgegen. Kalium chloratum Nr. 4 und Kalium sulfuricum Nr. 6 regulieren in einem feinen Zusammenspiel die Hautpigmentierung.

* Ein ganz großes Problem unserer Zeit ist der meist zu trockene Hautzustand. Ein zentrales Anliegen einer Körperlotion wie der hier beschriebenen ist es, den Feuchtigkeitsgehalt der Haut zu erhöhen: Eine gesunde, vitale Haut und ein strahlender Teint ist das Ziel. Dabei helfen natürlich die hoch verdünnten Mineralstoffe. Um diese Wirkung noch zu unterstützen, darf ein eingearbeitetes Aloe-Vera-Gel nicht fehlen – möglichst mit einer besonderen biologischen Aktivität, um die Wirkung noch zusätzlich zu steigern.

* Eine gut durchfeuchtete Haut nimmt Wirkstoffe wie die hoch verdünnten Mineralstoffe besser auf als eine trockene.

Info
Die mit einer guten Mineralstoff-Körperlotion versorgte Haut wird geschmeidig und elastisch und hat ein junges, samtiges Erscheinungsbild.

Körperpflegecreme

Wenn Ihre Haut kein Problem mit dem Flüssigkeitshaushalt hat, sollten Sie auf eine Creme zurückgreifen, bei der die Versorgung der Haut mit Fettsubstanzen im Vordergrund steht (beispielsweise die Körperpflegecreme Regeneration, in die auch ein Feuchtigkeitsspender eingearbeitet ist). Es empfiehlt sich besonders, wenn z. B. Jojobaöl beigefügt ist: Dies ist ein Wachs, das sehr hautpflegend, aber auch feuchtigkeitsbindend wirkt.

Info

An diesen Körperregionen merken Sie sehr schnell, wenn Sie sich zu wenig bewegen. Gerade Frauen müssen ihren Körper regelmäßig trainieren, um ihn in Form zu halten, und natürlich spielen die Ernährung und die Körperpflege auch hier eine wichtige Rolle.

Es können dieselben Mineralstoffe wie in der Körperlotion eingemischt werden. Um auf die speziellen Bedürfnisse der fettarmen Haut einzugehen, empfiehlt sich zusätzlich die Einarbeitung von Olivenöl: Es ist eines der kostbarsten Körperöle in der Kosmetik, denn es fördert Hautdurchblutung und -elastizität und führt zu einem samtig-weichen Hautbild.

Die einzelnen Körperregionen

Bauch und Po

Wird dem Organismus zu viel Eiweiß zugeführt, so entsteht aus dem Zellstoffwechsel ein Überschuss an Eiweißsäuren. Diese werden an das Bindegewebe abgegeben und führen dort zur Übersäuerung: Der Organismus beginnt säuregetränkte Eiweißflocken abzulagern. Langsam füllen sich die Fettpölsterchen im Unterhautfettgewebe an den bekannterweise meist betroffenen Stellen: Bauch und Po.

Während Männer die Säurebelastung eher mit einer Glatze bezahlen müssen, leiden Frauen an Orangenhaut. Die feinen Bindegewebskanäle werden dabei undurchlässig für den Nährstofftransport im Bindegewebe, und es kommt zu einem Stoffwechselstau. Will jemand dieses Problem wirklich wirksam bearbeiten, so ist ein Ansetzen auf mehreren Ebenen notwendig.

Vorsicht

Was die Ernährung anbelangt, sollten Sie darauf achten, möglichst wenig Eiweiß zu sich zu nehmen. Pro Tag braucht der Erwachsene nur 1 Gramm Eiweiß pro Kilogramm Körpergewicht. Achtung: Auch Milchprodukte sind Eiweißquellen.

Die Säuren lassen sich erfolgreich durch basische Bäder wie BaseCare aus der Haut ausleiten. Ich rate zusätzlich zur Einnahme eines Präparats mit hoch verdünnten Mineralstoffen, etwa Zell Fit, parallel zum Bad. Dadurch kann das Erscheinungsbild der Orangenhaut bei konsequenter Anwendung auch einer passenden Körpercreme (z. B. Evocell) eine echte Verbesserung erfahren.

Straffende Körpercreme

Eine bei Cellulite geeignete Körpercreme (wie die Creme Evocell) strafft das Bindegewebe und erhöht die Elastizität der Haut.

❋ Sie sollte einen natürlichen Feuchtigkeitsspender enthalten, um die Wirkung der eingearbeiteten Mineralstoffe noch zu verstärken.

Die einzelnen Körperregionen   Körperpflege

- Calcium fluoratum Nr. 1 ist für die Elastizität des gesamten Gewebes verantwortlich, was vor allem dann von Bedeutung ist, wenn das Gewebe schrumpft, damit es nicht zur Faltenbildung kommt. Calcium phosphoricum Nr. 2 ist der Betriebsstoff für das Eiweiß, der es dem Organismus erlaubt, den Eiweißhaushalt zu steuern und zu strukturieren. Aus diesem Grund ist er für den Abbau der Orangenhaut unverzichtbar.
- Natrium phosphoricum Nr. 9 wiederum hilft, die überschüssige Säure zu neutralisieren. Natrium sulfuricum Nr. 10 baut die Schadstoffe ab, die zusätzlich zu den vielen Eiweißsubstanzen im Gewebe abgelagert sind, und unterstützt somit wirksam den gesamten Entschlackungsvorgang. Silicea Nr. 11 hilft beim Säureabbau mit; es fördert die Kollagensynthese und damit den Aufbau eines straffen Bindegewebes.
- Calcium sulfuricum Nr. 12 bringt den Stoffwechseltransport im Gewebe wieder ins Fließen, reguliert also die Durchlässigkeit des Bindegewebes. Der Abbau von Säure und Schlackenstoffen wird damit erleichtert und gefördert.

Mein Tipp

„Ich empfehle gegen Cellulite auch gern eine Maske aus einem basischen Mineralstoffbadezusatz (z. B. Base-Care). Verrühren Sie das Pulver zu einem Brei und tragen Sie es auf die gewünschten Stellen auf. Diese Maske reinigt die Haut, entsäuert und beruhigt sie."

Massage

Massagen wirken wohltuend, entspannend und heilend und können auch Schmerzen lindern. Kennen Sie auch das wunderbare Gefühl, sich bei einer Massage so richtig zu entspannen? Ihre Muskeln, Ihr Bindegewebe und Ihre Haut werden geknetet, gewalkt und gedrückt. Dies fördert die lokale Durchblutung, löst Muskelspannungen wie auch Narben- und Gewebsverklebungen und wirkt schließlich auch reflektorisch auf die inneren Organe.

Tipp

Selbst wenn Sie gesund sind und eine Massage bei Ihnen daher nicht medizinisch indiziert ist: Auch gesunde Menschen sollten sich regelmäßig massieren lassen, denn Massagen steigern das Wohlbefinden und können Erkrankungen des Bewegungsapparates vorbeugen.

Körperpflege   Pflege der Seele

Mineralstoff-Massageöl

Um den Erfolg einer Massage zu unterstützen, empfiehlt sich ein Massageöl, das die folgenden hoch verdünnten Mineralstoffe enthalten sollte.

❀ Calcium fluoratum Nr. 1 fördert nicht nur die Spannkraft der Haut, sondern auch die Elastizität aller Bänder und Sehnen, die über die Massage erreicht werden. Außerdem werden verhärtetes Narbengewebe und verhärtete Sehnen wieder weich und geschmeidig. Calcium phosphoricum Nr. 2 reguliert den Tonus der Muskeln, sorgt also für einen angemessenen Spannungszustand. Verspannungen wie im Nacken oder an anderen Stellen des Körpers lockern sich.

❀ Ferrum phosphoricum Nr. 3 lindert Schmerzen und greift überall dort an, wo sich Entzündungen anbahnen könnten. Es sorgt für eine gute Durchblutung nicht nur der Haut, sondern aller Gewebe, was die Wirkung der Massage wesentlich erhöht.

❀ Natrium chloratum Nr. 8 ist für den Feuchtigkeitshaushalt der Haut zuständig und außerdem ein wichtiger Betriebsstoff für Knorpelgewebe, sodass alle massierten Gelenke davon profitieren. Natrium phosphoricum Nr. 9 wirkt auf die Säureeinlagerungen im Bindegewebe ein. Es neutralisiert die Säure und entlastet damit das Gewebe in der Haut. Diese wird dadurch widerstandsfähiger gegen andere Belastungen, vor allem jene, die von außen an die Haut herankommen.

❀ Silicea Nr. 11 sorgt für die Fülle des Bindegewebes und beugt einer Brüchigkeit vor. Es bringt auch bei hartnäckigen, vor allem chronischen Säureablagerungen Hilfe. Olivenöl sorgt zusätzlich für gute Gleitfähigkeit. Es pflegt und durchblutet die Haut und strafft das Gewebe.

Tipp

Vergessen Sie nicht, das Massageöl vor der Anwendung kurz aufzuschütteln, damit sich alle Bestandteile gleichmäßig vermengen können.

Hals und Dekolleté

Eine Volksweisheit will wissen, dass man das Alter einer Frau an ihrem Hals ablesen könne. Aber nicht alle Volksweisheiten müssen stimmen, und so wäre es doch gelacht, wenn man dieser hier nicht ein Schnippchen schlagen könnte – auch wenn das eine etwas aufwändigere, konsequente Pflege erfordern sollte!

Zutaten

Calcium fluoratum Nr. 1
Silicea Nr. 11

✿ Durch die Bewegungen des Kopfes wird die Haut am Hals und am Dekolleté ununterbrochen gedehnt und beansprucht. Der Bedarf an Calcium fluoratum Nr. 1, dem Mineralstoff für die Elastizität, und Silicea Nr. 11 ist hier also besonders groß. Diese Mineralstoffe sollten sowohl eingenommen werden, als auch als Cremegel, das Sie leicht selbst zusammenmischen können, täglich zwei bis drei Mal aufgetragen und gut einmassiert werden. Sie können natürlich auch eine entsprechende Mineralstoff-Körpercreme (z. B. die Körpercreme Regeneration) gezielt und wiederholt am Hals und am Dekolleté auftragen.

Das Dekolleté ist einerseits der Sonnenstrahlung ausgesetzt, andererseits ein besonderer Blickfang. Nicht zuletzt deshalb fallen natürlich an dieser Stelle Pigmentflecken besonders auf. Auch die lästigen hektischen Flecken machen uns hier zu schaffen, und schließlich tauchen hin und wieder ebenfalls unschöne Pickel auf und in vorgerückterem Alter dann die ersten Fältchen und Falten. Aber keine Angst – dagegen lässt sich manches unternehmen. Unter anderem können Sie die Mineralstoffe aufgelöst in Form eines Breis oder als Kompresse anwenden.

Körpercremes
Wer die Haut von Hals und Dekolleté gut versorgen will, sollte sie mit einer speziellen Mineralstoff-Körpercreme (z. B. Regeneration) oder einer entsprechenden Körperlotion (z. B. Tendiva) pflegen.

Die Mineralstoff-Körpercreme sollten vor allem jene Personen benutzen, deren Haut einen hohen Bedarf an Fettsubstanzen hat. Wertvolles Olivenöl, aber auch Jojobaöl decken diesen Bedarf. Eine Körperlotion

Anwendung von Brei und Kompresse

Neben einer Grundversorgung der Haut, wie sie über eine Mineralstoff-Körpercreme erreicht wird, können einzelne Probleme gesondert bearbeitet werden. Wenden Sie vor dem Einmassieren der Creme zweimal pro Woche zusätzlich Kompressen oder Masken aus Mineralstofftabletten an – Ihr Dekolleté wird es Ihnen danken! Grundsätzlich werden für eine Breimaske oder eine Kompresse an Hals und Dekolleté 30 bis 40 Tabletten pro Mineralstoff aufgelöst.

Akne und Pickel

Ferrum phosphoricum Nr. 3
Kalium chloratum Nr. 4
Natrium chloratum Nr. 8
Natrium phosphoricum Nr. 9
Wasser

❋ Bereiten Sie aus diesen Mineralstoffen eine Breimaske zu und tragen Sie nach dem Abwaschen ein Cremegel wie Seborive auf.

Narben

Calcium fluoratum Nr. 1
Kalium phosphoricum Nr. 5
Natrium chloratum Nr. 8

❋ Massieren Sie anschließend eine Creme (z. B. Askinel) ein.

Säureflecken

Ferrum phosphoricum Nr. 3
Natrium phosphoricum Nr. 9

❋ Wenden Sie diese Mischung als Kompresse oder Breimaske an.

Hautgrieß

Kalium chloratum Nr. 4

❋ Tragen Sie anschließend ein Cremegel Nr. 4 dünn auf und darüber eine Körpercreme (etwa Regeneration).

Pigmentflecken

Kalium sulfuricum Nr. 6
Cuprum arsenicosum Nr. 19

❋ Wenden Sie diese Maske abwechselnd mit einer Maske aus einem basischen Badezusatz an. Danach massieren Sie eine Körpercreme (z. B. Regeneration) ein.

Warzen

Kalium chloratum Nr. 4
Natrium sulfuricum Nr. 10

❋ Anschließend bereiten Sie eine Cremegelmischung aus dem Cremegel Nr. 4 und Cremegel Nr. 10 zu und tragen Sie mehrmals täglich auf die Warzen auf.

Muttermale

Kalium phosphoricum Nr. 5
Kalium sulfuricum Nr. 6
Natrium chloratum Nr. 8

Natrium sulfuricum Nr. 10

❋ Mischen Sie aus den angegebenen Mineralstoffcremegelen eine Mischung und tragen Sie diese mehrmals täglich auf die Muttermale auf.

Fältchen und Falten

Calcium fluoratum Nr. 1
Ferrum phosphoricum Nr. 3
Kalium phosphoricum Nr. 5
Natrium chloratum Nr. 8
Silicea Nr. 11

❋ Wenden Sie zuerst warme Kompressen an und tragen Sie danach eine Hautpflegecreme wie Askinel etwas dicker auf Dekolleté und Hals auf. Nehmen Sie nach dem Einziehen den Rest der fetten Salbe mit einem Kosmetiktuch ab. Machen sie Kompresse und Cremepackung einmal in der Woche.

Hektische Flecken

Magnesium phosphoricum Nr. 7

❋ Wenden Sie diesen Betriebsstoff nicht nur als Kompresse oder Breimaske, sondern unbedingt auch innerlich an! Massieren Sie zusätzlich ein Cremegel Nr. 7 ein und tragen Sie darüber eine Körpercreme (z. B. Regeneration) auf.

Die einzelnen Körperregionen Körperpflege

versorgt die Haut ebenfalls mit den dringend benötigten Mineralstoffen, ist aber vor allem für jene gedacht, deren Haut es vor allem an Feuchtigkeit mangelt.

Brust

Die Brüste werden durch drei verschiedene Gewebe gebildet, deren Anteile individuell variieren: Milchdrüsen-, Binde- und Fettgewebe. Ob die Brust fest und straff oder sehr weich ist, hängt vor allem vom Anteil des Bindegewebes und seinen Eigenschaften ab. Bedingt durch den Anteil des Fettgewebes kann die Größe der Brust schließlich auch vom Ernährungszustand abhängen.

❋ Die Brustpflege in der Kosmetik hat vor allem zum Ziel, dass die Elastizität und Festigkeit der Brüste gefördert wird. Das besorgt vor allem der Mineralstoff Calcium fluoratum Nr. 1, der zuständig ist für die Elastizität des Brustgewebes, sowie Silicea Nr. 11, das das Bindegewebe der Brust aufbaut und festigt.

❋ Um eine formschöne Brust zu erhalten und zu pflegen, eignet sich eine Cremegelmischung aus den Mineralstoffen Calcium fluoratum Nr. 1, Kalium phosphoricum Nr. 5, Natrium chloratum Nr. 8 und Silicea Nr. 11. Massieren Sie diese Mischung täglich sanft mit kreisenden Bewegungen ein.

Cremegel für den Aufbau der Brust

Das Gewebe der Brust ist sehr sensibel und außerordentlich pflegebedürftig. Um es aufzubauen, bedarf es einer ganz besonderen Mischung von Mineralstoffen als Cremegel. Sie können das entsprechende Brustaufbau-Cremegel leicht selbst anfertigen.

❋ Das Milchdrüsengewebe wird durch Calcium phosphoricum Nr. 2 aufgebaut und hauptsächlich mit Kalium chloratum Nr. 4 versorgt. Das Bindegewebe wiederum wird durch Calcium phosphoricum Nr. 2 und Kalium chloratum Nr. 4 sowie zusätzlich mit Silicea Nr. 11 aufgebaut und stabilisiert.

❋ Kalium phosphoricum Nr. 5 und Natrium chloratum Nr. 8 sind die Mineralstoffe der Regeneration und unterstützen einen Brustaufbau.

❋ Das in die Brust eingelagerte Fettgewebe braucht Natrium phosphoricum Nr. 9 als Betriebsstoff. Mit Hilfe dieses Mineralstoffes

Zutaten
Calcium fluoratum Nr. 1
Kalium phosphoricum Nr. 5
Natrium chloratum Nr. 8
Silicea Nr. 11

Tipp

Vergessen Sie nicht: Ein ausgewogenes Training bringt unserem Körper die nötige Bewegung, regt unseren Stoffwechsel an und hält auch unsere Brüste in Form.

Zutaten
Calcium fluoratum Nr. 1
Calcium phosphoricum Nr. 2
Kalium chloratum Nr. 4
Kalium phosphoricum Nr. 5
Natrium chloratum Nr. 8
Natrium phosphoricum Nr. 9
Silicea Nr. 11

Anwendung von Brei und Kompresse

Grundsätzlich werden für eine Breimaske oder eine Kompresse ca. 20 bis 30 Tabletten pro Mineralstoff aufgelöst.

Wie Sie eine Packung (Breimaske) oder Kompresse herstellen, wird im Abschnitt über Gesichtsmasken beschrieben.

Gerissenes bzw. zerrissenes Gewebe, Striae

Calcium fluoratum Nr. 1
Ferrum phosphoricum Nr. 3
Kalium phosphoricum Nr. 5
Natrium chloratum Nr. 8
Silicea Nr. 11

❋ Verarbeiten Sie diese Mischung zu einer Breimaske und tragen Sie anschließend eine Körpercreme (z. B. Regeneration) auf.

Pigmentflecken

Kalium sulfuricum Nr. 6
Natrium sulfuricum Nr. 10

❋ Verarbeiten Sie diese Mischung zu einer Breimaske. Danach tragen Sie eine Cremegelmischung aus denselben Mineralstoffen auf.

Brustwarzenpflege

Calcium fluoratum Nr. 1
Ferrum phosphoricum Nr. 3
Kalium chloratum Nr. 4
Silicea Nr. 11

❋ Nach einer sanften Kompresse mischen Sie eine Salbenmischung aus den angegebenen Mineralstoffsalben an, tragen sie sehr dünn auf und massieren sie vorsichtig ein.

Schlaffes Gewebe

Calcium fluoratum Nr. 1
Kalium phosphoricum Nr. 5
Natrium chloratum Nr. 8
Silicea Nr. 11

❋ Verarbeiten Sie diese Mischung zu einer Kompresse. Anschließend tragen Sie eine Cremegelmischung auf und darüber eine Körpercreme (z. B. Körpercreme Regeneration) oder eine Lotion (z. B. Tendiva).

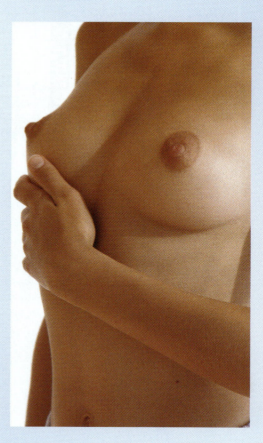

wird im ganzen Organismus der Fettstoffhaushalt reguliert, also auch in der Brust. Wenden Sie ihn also eher an, wenn die Brust kleiner werden soll!

Zur täglichen Schönheitspflege Ihrer Brust eignet sich eine Körpercreme (z. B. Regeneration) für die fettarme Haut und eine Körperlotion wie Tendiva für die feuchtigkeitsarme Haut.

* Für die Elastizität der Aufhängebänder sorgt Calcium fluoratum Nr. 1. Die Brustdrüsen werden mit Kalium chloratum Nr. 4 gut versorgt. Kalium phosphoricum Nr. 5 und Natrium chloratum Nr. 8 bewirken zusammen eine hervorragende Regeneration des Gewebes in der Brust. Kalium sulfuricum Nr. 6 als Pigmentierungsstoff bewirkt einen feinen Teint auf der Brust. Natrium chloratum Nr. 8 ist für die Feuchtigkeit in der Haut und Natrium phosphoricum Nr. 9 für das Fettgewebe zuständig. Mit Hilfe von Silicea Nr. 11 baut der Organismus ein straffes Bindegewebe auf.

Mein Tipp

„Wollen Sie Ihre Brust vergrößern, so probieren Sie es mit der zusätzlichen Einnahme von 20 bis 30 Tabletten Calcium phosphoricum Nr. 2. Es ist einen Versuch wert und hat schon so mancher Frau geholfen, wie mir viele persönliche Rückmeldungen bestätigen."

Rücken

Auch der Rücken bedarf einer sorgsamen Pflege, denn schließlich heißt es nicht umsonst: „Ein schöner Rücken kann auch entzücken."

Pickel

Pickel verunzieren nicht nur unser Gesicht, sondern breiten sich oft auch über den gesamten Rücken aus.

* Für diese Pickel gilt dasselbe wie für Pickel im Gesicht: Wenden Sie ein Cremegel an (z. B. Seborive).
* Sorgen Sie für eine Umstellung Ihrer Ernährung.
* Nehmen Sie Vollbäder mit den entsprechenden Mineralstoffen oder mit einem basischen Badezusatz wie BaseCare.

Fett- und Schadstoffablagerungen

* Häufig finden sich Ablagerungen von Talg bzw. Fett in Form von Lipomen auf dem Rücken. Hier wird Natrium phosphoricum Nr. 9 benötigt.
* Daneben gibt es erbsengroße verkapselte Ablagerungen, die sich bewegen lassen. Darin lagert der Organismus Stoffe ab, die er nicht

Körperpflege   Pflege der Seele

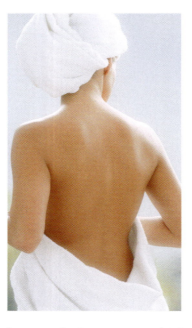

ausscheiden kann. Natrium sulfuricum Nr. 10 kann Abhilfe schaffen, allerdings nur sehr, sehr langsam.

Verspannungen

Gerade auf dem Rücken befinden sich oft viele verspannte Muskeln, die verspannt und sehr schmerzhaft sind.

Hier hilft am besten das Auftragen eines Cremegels.

Cremegel gegen Verspannungen

Eine bestimmte Kombination von ausgewählten Cremegels (z.B. Cremegel G) hilft speziell bei Belastungen im Bewegungs- und Stützapparat; sie pflegt und regeneriert alle Bereiche der Gelenke. Dabei kommt es nicht nur auf die Knochen an, es müssen auch die zugehörigen Sehnen, Bänder, Knorpel und vor allem auch Muskeln behandelt werden.

❀ Calcium fluoratum Nr. 1 sorgt für die Elastizität der Sehnen und Bänder, aber auch der Muskeln. Calcium phosphoricum Nr. 2 ist zuständig für die Muskeln. Bei einem Mangel an diesem Mineralstoff kommt es zu Muskelkrämpfen, er ist aber auch für eine gute Versorgung der Knochen notwendig.

❀ Ferrum phosphoricum Nr. 3 schafft eine gute Durchblutung der Gewebe, auch beugt es vorzeitigem Verschleiß vor, was viele unnötige Schmerzen verhindert. Natrium chloratum Nr. 8 bindet den Knorpel in den Stoffwechsel ein und versorgt ihn mit den wichtigen Regenerationsstoffen.

❀ Natrium phosphoricum Nr. 9 neutralisiert Säure. Silicea Nr. 11 ist für die Reißfähigkeit der Sehnen und Bänder zuständig; mit Hilfe dieses Mineralstoffes wird das Bindegewebe aufgebaut, was für Gelenke und Knochen von großer Bedeutung ist.

Tipp
Ähnlich wie das Massageöl sorgt ein derartiges Cremegel für wohlgeformte Muskeln und damit für einen ansprechenden, geschmeidigen Körperbau.

Mineralstofftabletten am Rücken

Für den Rücken können die Mineralstofftabletten hervorragend als Vollbad angewendet werden. Sind die Probleme massiv, so empfiehlt sich die Anwendung als Mineralstoffbrei.

Akne
Ferrum phosphoricum Nr. 3
Kalium chloratum Nr. 4
Natrium phosphoricum Nr. 9

❁ Anschließend tragen Sie ein Cremegel auf, etwa Seborive.

Pigmentflecken
Kalium sulfuricum Nr. 6

❁ Wechseln Sie die Anwendung mit einer Breimaske aus einem basischen Badezusatz, z. B. BaseCare, ab. Anschließend massieren Sie eine geeignete Körpercreme (etwa Regeneration) ein.

Unterlagerungen/Einlagerungen unter der Haut
Natrium phosphoricum Nr. 9
Natrium sulfuricum Nr. 10

Verspannungen
Calcium phosphoricum Nr. 2

❁ Anschließend massieren Sie ein entsprechendes Cremegel (z. B. Cremegel G) ein.

Hände

Die Hände des Menschen sind ausdrucksvoll und werden oft genau betrachtet; manchmal müssen sie sogar für eine Charakteranalyse herhalten. Gepflegte Hände und Nägel erhöhen die Selbstsicherheit und gehören unabdingbar zum Selbstverständnis jeder gepflegten Frau.

Rissige Hände

Haben Sie im Herbst und Winter oft rissige Hände oder aufgesprungene Fingerspitzen? Rissige Hände werden durch einen Mangel an Calcium fluoratum Nr. 1 verursacht. Bevor sie „reißen", sind sie zunächst rau. Calcium

Zutaten
Calcium fluoratum Nr. 1

Körperpflege   Pflege der Seele

fluoratum Nr. 1 hält das Keratin, den Hornstoff, der in die oberste Schicht der Haut eingelagert ist, weich und geschmeidig. Bei all zu hoher Elastizitätsleistung, wie sie etwa im Winter gefordert ist, verliert der Hornstoff Calcium fluoratum Nr. 1 und wird brüchig. Es entsteht raue Haut.

❋ Auch hier ist die Anwendung eines Cremegels (etwa Cremegel Nr. 1) sehr hilfreich. Verliert die Haut im Zuge der weiteren Beanspruchung noch mehr Calcium fluoratum Nr. 1, dann wird die Haut rissig.

Splitternde, zu weiche oder brüchige Nägel

Am Zustand der Nägel lässt sich einiges ablesen. Glänzende, elastische und wohlgeformte Nägel gehören einfach zu jeder gepflegten Hand. Sie sind außerdem das Zeichen für eine gute Gesundheit.

Tipp

Mit Mineralstoffen gehen Probleme an Ihren Nägeln zurück.

❋ Hauptsächlich bestehen die Nägel aus Keratin (Hornstoff). Mit Hilfe von Calcium fluoratum Nr. 1 kann der Organismus den Hornstoff regulieren. Dieser Mineralstoff ist daher der Betriebsstoff für die Elastizität der Nägel. Sind sie zu weich oder zu hart, so lässt dies auf einen Mangel an diesem Mineralstoff schließen. Ein geeignetes Cremegel (z. B. Cremegel Nr. 1) muss in diesem Fall in Verbindung mit der Einnahme des Betriebsstoffs öfter am Tag aufgetragen werden; dann wird der Erfolg nicht allzu lange auf sich warten lassen.

❋ Ein weiteres Problem sind jene Fingernägel, die sich in Schichten auflösen. Hier fehlt Silicea Nr. 11 als Betriebsstoff.

❋ Daher wird bei Nagelproblemen meist eine Cremegel-Mischung angewendet (etwa zwischen Nr. 1 und Nr. 11). Zusätzlich zur Einnahme der hoch verdünnten Mineralstoffe nach Schüßler empfehle ich, ein so genanntes grobstoffliches Präparat, also Kieselerde, einzunehmen.

❋ Die Cremegelmischung wird direkt auf dem Nagel und der Nagelwurzel aufgetragen und in Richtung Gelenk streifend einmassiert.

Alle Probleme der Hände sollten mit einer geeigneten Hautschutz- und Hautpflegecreme (etwa Askinel) behandelt werden.

Weiße Flecken auf dem Fingernagel

Zutaten

Calcium phosphoricum Nr. 2
Zincum chloratum Nr. 21

Weiße Flecken deuten auf einen Mangel an Calcium phosphoricum Nr. 2 in Verbindung mit Zincum chloratum Nr. 21 hin. In diesen Fällen ist die Einnahme der hoch verdünnten Mineralstoffe unumgänglich.

Die einzelnen Körperregionen Körperpflege

Reflexzonenmassage

Durch die Reflexzonenmassage werden die Energiebahnen angeregt. Denn vom Fuß aus kann man jedes Organ über so genannte Reflexzonenpunkte erreichen und entsprechend stimulieren. Es ist dies eine sehr empfehlenswerte Form der Massage, die der Gesunderhaltung dient.

Gleichzeitig werden durch diese Massage Schlackenstoffe in Bewegung gebracht. Die Füße sind nämlich auch „Sammeldeponie" von Ablagerungen, die der Organismus nicht ausscheiden kann. Werden sie durch diese Massage aktiviert, so ist es von großer Bedeutung, dass der Organismus in seinen Bemühungen unterstützt wird, diese Stoffe auch auszuscheiden.

Durch die Reflexzonenmassage werden die Füße gut durchmassiert, und alle Gewebe bleiben geschmeidig und elastisch. Für die Massage sollten Sie ein Mineralstoff-Massageöl verwenden. Im Zuge der Massage werden die Füße so nicht nur mechanisch bearbeitet, sondern auch noch zusätzlich mit Mineralstoffen versorgt.

Tipp

Begleiten Sie eine Reflexzonenmassage mit der Einnahme von geeigneten Stoffwechseltees und Präparaten wie Zell Fit. Sie sind oft eine wertvolle Hilfe, wenn es darum geht, die mobilisierten Schlacken abzutransportieren.

Füße

Über eine lange Zeit des Jahres stecken die Füße in Strümpfen und Schuhen, weil es unser Klima erfordert. In der warmen Jahreszeit jedoch gehen wir gern barfuß und möchten dann natürlich makellose und schöne Füße vorzuweisen haben. Das setzt allerdings voraus, dass wir sie regelmäßig pflegen.

Besenreiser

Besenreiser finden sich nicht nur auf den Füßen – dort meistens am Innenfuß unterhalb des Knöchels –, sondern insgesamt am ganzen Unterschenkel und häufig auch auf den Oberschenkeln.

Diesem Übel kann man mit dem passenden Cremegel zur Venenpflege (z. B. Cremegel V) zu Leibe rücken. Bei konsequenter Anwendung dieses Cremegels gehen die Besenreiser langsam zurück.

Zutaten
Cremegel zur Venenpflege

81

Körperpflege Pflege der Seele

Hornhaut

Trockene, feuchtigkeitsarme Hornhaut an den Füßen, aber auch übermäßige Hornhautbildung ist ein Problem, das Sie am besten mit einer geeigneten, sehr fetten Hautcreme (z. B. Askinel, siehe unten) in den Griff bekommen.

Fuß- und Handschweiß

Zutaten
Natrium phosphoricum Nr. 9
Silicea Nr. 11

❀ Ich empfehle vor allem die Einnahme dieser Betriebsstoffe.

❀ Sie sollte regelmäßig mit einem Fuß- oder Handbad verbunden werden. Dabei wird je 1 Esslöffel Tabletten von Natrium phosphoricum Nr. 9 und Silicea Nr. 11 in einer ausreichenden Wassermenge für ein Fuß- oder Handbad gelöst und darin gebadet.

❀ Abwechselnd sollte auch mit einem basischen Badezusatz wie BaseCare gebadet werden, um diesem Problem wirklich zu Leibe zu rücken.

❀ Zur täglichen Pflege cremen Sie dann die Füße oder Hände mit einem Cremegel (z. B. Nr. 11) ein. Anfänglich wird es vielleicht so erscheinen, als würde das Schwitzen stärker, das gibt sich aber bald – nach einer oder zwei Wochen ist das Problem gelöst, aber nur wenn diese Nummern zusätzlich eingenommen werden.

Hautpflegecreme für Hände und Füße

Eine Hautschutz- und Hautpflegecreme wie Askinel muss viele Erfordernisse erfüllen, um Hände und Füße umfassend zu pflegen. Unabhängig von den Mineralstoffen nährt ein hoher Fettanteil die oft ausgelaugte Haut besonders der Handinnenflächen und der beanspruchten Fußsohlen. Außerdem ist die Fettschicht ein Schutz für die Haut, sodass sie nicht so sehr äußeren Einflüssen ausgesetzt ist.

❀ Gegen raue, rissige Hände sollte Calcium fluoratum Nr. 1 eingearbeitet sein. Dieser Mineralstoff ist zusätzlich wichtig für die Elastizität der vielen Sehnen und Bänder, auch der Fingernägel und für eine weiche geschmeidige Haut bzw. Handinnenfläche oder Fußsohle. Er beugt außerdem dem Zusammenziehen der Sehnen und damit eingezogenen Fingern vor.

❀ Die Durchblutung der Haut wird durch Ferrum phosphoricum Nr. 3 gefördert. Die Regenerationskraft der Haut sowie der Nägel garantiert Kalium phosphoricum Nr. 5 in Verbindung mit Natrium chloratum Nr. 8.

❋ Für die Regulierung der Feuchtigkeit in der Haut sorgt ebenfalls Natrium chloratum Nr. 8. Eine derartige, feuchtigkeitsspendende Creme wird auch bei trockener Haut im Bereich der Fersen empfohlen.

❋ Gerade an den Händen verliert das Bindegewebe sehr häufig an Substanz. Die Haut überzieht dann die Hand ähnlich wie Pergament. Sie ist dann sehr dünn, die Gefäße werden stark sichtbar. Damit das Bindegewebe wieder aufgebaut werden kann, sollte der Creme auch Silicea Nr. 11 beigefügt sein.

❋ Der Handrücken vor allem älterer Menschen ist oft übersät von blauen Flecken. Sie entstehen, weil das Bindegewebe der Adern sehr schwach ist und beim geringsten Stoß platzt. Für die rasche Heilung dieser Blutergüsse ist ebenfalls Silicea Nr. 11 wichtig.

❋ Befinden sich auf den Händen auch noch Narben, so sollten Sie Ihre Handcreme zusätzlich einmassieren. Eine Mineralstoffcreme macht die Narben weich und elastisch. Außerdem wird das Narbengewebe entstört, sodass es wieder energetisch leitfähig ist. Das ist für die vielen Energiemeridiane, die sich auf der Hand befinden, sehr wichtig.

Bäder und Packungen für Hände und Füße

Hand- oder Fußbad: Handbäder werden meist vor einer Maniküre gemacht, aber auch, wenn Probleme zu behandeln sind.

❋ Füllen Sie ein Gefäß, in das beide Hände hineinpassen, mit warmem Wasser. Anschließend gibt man die empfohlene Mischung und Anzahl der Tabletten hinein. Dann baden Sie Ihre Hände 20 bis 30 Minuten darin.

Brei bzw. Packung: Vermengen Sie die empfohlene Mischung und Anzahl der Tabletten mit lauwarmem Wasser, bis ein Brei entsteht, der nicht zu flüssig, aber auch nicht zu fest ist, damit man ihn über die ganzen Hände verteilen kann.

Anschließend wickeln Sie um die Hände Frischhaltefolie, um ein zu schnelles Austrocknen des Breis zu verhindern.

Info

Mit einer fetten Mineralstoffcreme wie Askinel decken Sie auch den Fettbedarf der Haut. Hände und Füße werden mit den notwendigen hoch verdünnten Mineralstoffen versorgt, können sich wieder regenerieren und zeigen ein frisches Erscheinungsbild.

Info

Um die Temperatur des Handbades konstant zu halten, empfiehlt es sich, immer wieder warmes Wasser nachzufüllen. Deshalb sollte das Gefäß auch nicht zu klein sein.

Mein Tipp

„Um die Wirkung zu verstärken, wickle ich gern die Hände bzw. Füße zusätzlich in eine Decke ein. So entsteht ein leichter Wärmestau, der die Haut aufnahmefähiger macht."

Mineralstoffe für Bad und Packung

Rissige Hände und Schwielen, übermäßige Hornhaut an den Fersen

Calcium fluoratum Nr. 1

❀ Bereiten Sie ein Bad oder eine Packung zu. Danach reiben Sie die Füße gut mit einer sehr fetten Creme (z. B. Askinel) ein.

Brüchige, splitternde, zu biegsame Fingernägel

Calcium fluoratum Nr. 1
Silicea Nr. 11

❀ Bereiten Sie ein Bad oder eine Packung zu. Danach massieren Sie die Mineralstoffe als Cremegelmischung ins Nagelbett ein.

Vitiligo, Pigmentflecken

Kalium chloratum Nr. 4
Kalium phosphoricum Nr. 5
Kalium sulfuricum Nr. 6
Natrium chloratum Nr. 8
Cuprum arsenicosum Nr. 19

❀ Bereiten Sie ein Bad oder eine Packung zu. Danach cremen Sie Hände oder Füße gut mit einer fetten Creme wie Askinel ein.

Verbrennungen

Ferrum phosphoricum Nr. 3
Natrium chloratum Nr. 8

❀ Bereiten Sie ein Bad oder eine Packung zu.

Nagelbettentzündung

Ferrum phosphoricum Nr. 3

❀ Bereiten Sie ein Bad oder eine Packung zu.

Nagelbetteiterung

Ferrum phosphoricum Nr. 3
Natrium phosphoricum Nr. 9
Silicea Nr. 11
Calcium sulfuricum Nr. 12

❀ Bereiten Sie ein Bad oder eine Packung zu. Anschließend wenden Sie eine Cremegelmischung mit den angegebenen Nummern an.

Warzen

Kalium chloratum Nr. 4
Natrium sulfuricum Nr. 10

❀ Bereiten Sie ein Bad oder eine Packung zu und tragen Sie anschließend die Betriebsstoffe als Cremegelmischung auf.

Blaue Flecken auf dem Handrücken

Silicea Nr. 11

❀ Bereiten Sie ein Bad oder eine Packung zu. Danach cremen Sie die Hände mit einer fetten Creme ein.

Hautpilz, Nagelpilz

Ferrum phosphoricum Nr. 3
Kalium phosphoricum Nr. 5
Kalium sulfuricum Nr. 6

Natrium phosphoricum Nr. 9
Calcium sulfuricum Nr. 12

❋ Bereiten Sie ein Bad oder eine Packung zu. Anschließend massieren Sie eine Cremegelmischung aus den angegebenen Mineralstoffen täglich mehrmals ein.

Verstauchungen, Zerrungen, Einrisse, Risse, Überdehnungen, Entzündungen von Sehnen und Bändern

Calcium fluoratum Nr. 1
Ferrum phosphoricum Nr. 3
Kalium phosphoricum Nr. 5
Natrium chloratum Nr. 8
Silicea Nr. 11

❋ Bringen Sie den Brei auf die Gelenke auf. Nachdem Sie ihn abgenommen haben, tragen Sie ein Cremegel (z. B. Cremegel G) auf.

Schwitzende Hände, Schweißfüße

Silicea Nr. 11

❋ Bereiten Sie ein Bad oder eine Packung zu. Achten Sie bei Schweißfüßen vor allem auf die Wahl der Socken (100 Prozent Baumwolle) und auf gute Schuhe (keine Kunststoffschuhe).

Verletzungen

Ferrum phosphoricum Nr. 3

❋ Bereiten Sie einen Brei zu. Bei größeren Wunden sollten Sie unbedingt einen Arzt aufsuchen!

Narben (auch am Knöchel oder nach einer Operation)

Calcium fluoratum Nr. 1
Ferrum phosphoricum Nr. 3
Kalium phosphoricum Nr. 5
Natrium chloratum Nr. 8

❋ Bereiten Sie ein Bad oder eine Packung zu. Anschließend tragen Sie immer eine fette Creme (wie Askinel) auf.

Varizen, Besenreiser

Calcium fluoratum Nr. 1
Kalium chloratum Nr. 4
Natrium phosphoricum Nr. 9

❋ Bereiten Sie ein Bad zu. Achten Sie aber darauf, dass das Wasser nicht zu heiß ist. Anschließend massieren Sie ein Cremegel ein, z. B. Cremegel V, und zwar immer von den Füßen zum Herzen hin.

Das Beste für Ihr Haar

Ihr Haar verrät sehr viel über Ihr Wohlbefinden: Glänzendes, kräftiges Haar lässt auf einen guten Allgemeinzustand schließen, während stumpfes oder brüchiges Haar Störungen im Körpergleichgewicht andeutet. Außerdem ist der Haarboden sehr aufnahmefähig für Stoffe von außen, sodass wir sorgfältig darauf achten müssen, womit wir unsere Haare pflegen und verschönern.

Eine haarige Angelegenheit

Wir waschen heute viel öfter unsere Haare, als ihnen eigentlich gut tut – die tägliche Haarwäsche beim Duschen ist keine Seltenheit. Dabei wird jedes Mal die natürliche Barrierefunktion unserer Kopfhaut empfindlich gestört, sodass Chemikalien leichter eindringen können. Auch ein Austrocknen der Kopfhaut beeinträchtigt ihre Schutzfunktion ganz erheblich. Gerade für dieses Problem empfiehlt die Biochemie nach Dr. Schüßler die Anwendung des biochemischen Haarwassers, das Sie ganz leicht selbst herstellen können.

Info
Das Haarwasser sollte nicht nur zur Pflege von Kopfhaut und Haaren angewendet werden, sondern auch bei gespaltenen Haaren, bei Schuppen sowie zur Stärkung der Haare.

Wind und Wetter

Achten Sie vor allem darauf, Ihre Haare vor extremen Temperaturen (Sauna, Sonne), dem Austrocknen durch Wind und Sand (Sommerurlaub) und übermäßiger Sonnenbestrahlung zu schützen! Zu diesem Zweck sollten Sie in solchen Fällen einen Hut tragen oder langes Haar hochstecken. Vor einem Saunabesuch feuchten Sie die Haare am besten an und stecken sie ebenfalls hoch.

Eine haarige Angelegenheit Haarpflege

Biochemisches Haarwasser

Calcium fluoratum Nr. 1
Kalium phosphoricum Nr. 5
Kalium sulfuricum Nr. 6
Natrium chloratum Nr. 8
Natrium phosphoricum Nr. 9
Silicea Nr. 11

✿ Lösen Sie in 250 ml abgekochtem und wieder abgekühltem Wasser von Nr. 8 14 Tabletten auf, von allen anderen Mineralstoffen jeweils 7 Tabletten.

✿ Das Wasser, das vor den Mineralstoffen in die Schüssel gefüllt wurde, wird nicht umgerührt, damit es klar bleibt. Schütten Sie es vorsichtig in eine Flasche und werfen Sie den Milchzuckersatz weg. Die Flasche können Sie eventuell mit einem Tropfeinsatz (aus der Apotheke) verschließen.

✿ Mit diesem Haarwasser können Sie den Haarboden massieren oder Haarspülungen machen. Die Mineralstofflösung sollte aus hygienischen Gründen öfter frisch zubereitet werden – sie ist jeden dritten Tag zu erneuern.

Die Haarfarbe

Die Haarfarbe hängt von der Pigmentmenge und der Pigmentart ab, die ins Haar eingelagert wird. Dunkle Farbe entsteht durch Eumelanin, helle durch Phäomelanin. Je nachdem, wie sich diese beiden mischen, entstehen die verschiedenen Farbtöne der Haare, wie Kastanienbraun, Aschblond, Kupfer usw. Im Alter nehmen die Melanin produzierenden Zellen ab oder verlieren ihre Fähigkeit, Melanin zu produzieren, und lagern dann an seiner Stelle Luft in die Haare ein, was diese ergrauen und später weiß erscheinen lässt.

Der Betriebsstoff für das Melanin ist Kalium sulfuricum Nr. 6. Deshalb sollte ein geeignetes Shampoo wie das Mineralstoff-Duschgel für Haut und Haare diesen hoch verdünnten Mineralstoff enthalten. So können Ihre Haare zur Melaninbildung angeregt werden.

Vorsicht

Frauen, die ihre Haare färben, sollten sich darauf einstellen, dass das Haarfärbemittel durch die hoch verdünnten Mineralstoffe im Duschgel für Haut und Haare relativ schnell ausgespült wird.

Haarpflege   **Das Beste für Ihr Haar**

> **Tipp**
>
> Geraten Sie nicht in Panik, wenn Sie nach einer Schwangerschaft, nach einer schweren Krankheit oder einfach im Herbst und Frühjahr vermehrt Haare verlieren. Durch eine ausreichende Versorgung mit Mineralstoffen nach Dr. Schüßler werden rasch gesunde und vitale Haare wieder nachwachsen.

Die Haare als Schadstoffdeponien

In den Haaren lagert der Organismus gern Schadstoffe ab, da er sich durch das Abstoßen der Haare leicht dieser Schadstoffe entledigen kann.

Sicher kennen Sie das Problem, dass es nach Schwangerschaften oft zu einem massiven Haarausfall kommt. Während der Schwangerschaft kann die Mutter nicht ausreichend die anfallenden Schadstoffe abgeben und lagert viele Schlacken ein; deshalb kommt es manchmal zu geschwollenen Füßen. Wenn sich der Körper der Frau nach der Schwangerschaft zu erholen beginnt, stößt er auch jene Haare ab, die als Schadstoffdeponie gedient haben.

Bedürfnisse und Bausteine der Haare

Grundsätzlich sind die Haare sehr mineralstoffreich. Der Hauptbestandteil des Haars, das Keratin, setzt sich aus Lipiden (Fetten), Mineralien wie z. B. Calcium und verhorntem Eiweiß zusammen.

Die Haare werden vom Haarboden aus über feine Blutgefäße versorgt. Deshalb ist es von größter Bedeutung, auf eine Pflege des Haarbodens zu achten und ihm genügend Mineralstoffe zukommen zu lassen. Die Blutgefäße reichen bis in die Haarwurzel; diese ist in der Unterhaut verankert und wird dort mit Nährstoffen und Sauerstoff beliefert. Dort befinden sich auch die haarbildenden Zellen, durch deren Tätigkeit das Haar nach außen geschoben wird und wächst.

Problemhaare

> **Tipp**
>
> Wenn plötzlich Probleme mit Ihren Haaren auftreten, sollten Sie die Ursache abklären, gegebenenfalls auch medizinisch. Problematische Haare sind Indikatoren für ein gestörtes Körpergleichgewicht

Gehören Sie zu jenen Menschen, die keine Probleme mit den Haaren haben, dann sind Sie privilegiert. In den allermeisten Fällen nämlich sind unsere Haare zu fett, zu trocken, zu dünn, zu brüchig oder zu spröde.

Die Ursache für eine derartige „Störanfälligkeit" liegt meist in einer Unterversorgung der Kopfhaut und damit auch der Haare. Abhilfe schaffen hier die jeweils erforderlichen Betriebsstoffe. Aber auch ein belasteter Schlafplatz kann der Grund für solche Symptome sein – vor allem, wenn die Haare überraschend schnell ausfallen und keinerlei gesundheitliche Probleme vorliegen. Im Falle einer Übersäuerung des Haarbodens kann auch eine belastende Ernährung die Ursache darstellen.

Problemhaare   Haarpflege

Wenn der Nacken sehr angespannt ist, vor allem bei Energiemangel, muss der Kopf mit chronisch kontrahierten Muskeln oben gehalten werden, sodass die Versorgung des Kopfes beeinträchtigt wird. Der weit verbreitete Spannungskopfschmerz ist die Folge, ebenso auch die Unterversorgung der Kopfhaut.

Schuppen

Zutaten
Natrium chloratum Nr. 8
Calcium fluratum Nr. 1

* Mit Natrium chloratum Nr. 8 kann der Organismus für ausreichend Feuchtigkeit in der Kopfhaut sorgen. Ist die Kopfhaut jedoch zu trocken, so beginnen die Schuppen hinunter auf Schulter und Kragen zu rieseln.
* Für die Elastizität der Haut ist Calcium fluratum Nr. 1 zuständig, das hier mitkombiniert wird.
* Nehmen Sie beide Mineralstoffe zusammen ein – 10 Tabletten von Nr. 1, 20 bis 30 Tabletten von Nr. 8 – und lutschen Sie sie über den Tag verteilt.

Trockene Haare

Trockenes Haar ist porös, also ebenfalls feuchtigkeitsarm. Die Haare werden durch Dauerwelle und zu heißes Föhnen zusätzlich ausgetrocknet, was das Problem noch verstärkt.

Sind die Haare fettarm, dann besteht ein großer Mangel an Natrium phosphoricum Nr. 9 und Silicea Nr. 11.

Eine Verarmung an Fett mit gleichzeitiger Übersäuerung der Kopfhaut führt zu gespaltenen Haarspitzen, Haarspliss, was den Einsatz von Natrium phosphoricum Nr. 9 und Silicea Nr. 11 erfordert. Bitte nehmen Sie von beiden Mineralstoffen reichlich und täglich ein.

Ich empfehle zusätzlich eine Ölpackung mit dem Mineralstoff-Massageöl.

Mein Tipp

„Machen Sie bei jeder Haarwäsche mit dem Mineralstoffduschgel für Körper und Haare eine Schaumpackung. Lassen Sie sie 1 bis 2 Minuten einwirken und spülen Sie sie anschließend gut aus. Am besten trocknen Sie die Haare an der Luft oder föhnen Sie nur kühl; wenn möglich sollten Sie auch Chemie im Haar vermeiden. Also: so wenig Färbemittel oder Dauerwelle wie möglich!"

Fette Haare

Zutaten
Natrium phosphoricum Nr. 9

Mit Natrium phosphoricum Nr. 9 wird der Fettstoffhaushalt der Kopf-haut und Haare reguliert. Fette Haare deuten also auf eine Übersäue-rung im ganzen Körper hin. Wer öfter als alle drei bis vier Tage seine Haare waschen muss, kann von einer Fettbelastung der Haare ausge-hen. Da hilft fleißiges Einnehmen von Natrium phosphoricum Nr. 9 auf Dauer am besten, und zwar 20 Tabletten (oder mehr) täglich.

Tipp

Ein gutes Regulativ ist bei al-len Haarproblemen das Wa-schen mit einem mineralstoff-haltigen Shampoo oder Duschgel (z. B. dem Mineral-stoff-Duschgel für Körper und Haare).

Kreisrunder Haarausfall

Hier hilft Kalium phosphoricum Nr. 5 in Verbindung mit Natrium chloratum Nr. 8 und Zincum chloratum Nr. 21.

Klären Sie unbedingt mit Ihrem Arzt ab, ob eine ernsthafte Erkran-kung vorliegt!

Zutaten
Kalium phosphoricum Nr. 5
Natrium chloratum Nr. 8
Zincum chloratum Nr. 21

Anwendungen

Ölpackung für trockenes und fettarmes Haar

- Massieren Sie das Massageöl in Kopfhaut und Haare gründlich ein. Dann bedecken Sie das Haar mit einer Frischhaltefolie oder einem heißen Handtuch.
- Nach 15 Minuten spülen Sie das Öl aus und waschen das Haar gründlich mit einem mineralstoffhaltigen Duschgel für Körper und Haare.
- Zusätzlich sollten Sie täglich folgende Mineralstoffmischung ein-nehmen:
  Natrium chloratum Nr. 8, 10 Tabletten
  Kalium phosphoricum Nr. 5, 20 Tabletten
  Natrium phosphoricum Nr. 9, 15 Tabletten

Farbe im Haar

Kosmetische Mittel zur Veränderung der Haarfarbe werden unter dem Sammelbegriff Haarfärbemittel zusammengefasst. Diese können Aller-gien hervorrufen, denn der Haarboden nimmt diese „Chemiebomben" zum Teil auf, sodass sie in den Körperkreislauf gelangen können.

Haarpackungen und Spülungen

Neben einer Grundversorgung der Haare können einzelne Probleme gesondert bearbeitet werden.

Grundsätzlich werden für eine Haarspülung 20 bis 30 Tabletten pro Mineralstoff aufgelöst. Mischen Sie die Mineralstofftabletten und lösen Sie sie in Wasser auf. Mit diesen Lösungen spülen Sie die Haare.

Neben einer Grundversorgung der Haare können einzelne Probleme gesondert bearbeitet werden.

Kraftlose, müde Haare

Calcium phosphoricum Nr. 2
Kalium phosphoricum Nr. 5
Natrium chloratum Nr. 8
Natrium phosphoricum Nr. 9
Silicea Nr. 11

✽ Machen Sie eine Packung als Mineralstoffbrei wie oben beschrieben oder eine Spülung.

Zusätzlich können Sie Waschungen mit Brennnesseltinktur vornehmen. Dazu mischen Sie Brennnesseltinktur aus der Apotheke zu gleichen Teilen mit Wasser und machen eine Haarspülung damit.

Trinken Sie ferner Brennnesseltee, nehmen Sie Kieselerde ein und machen Sie einmal pro Woche eine Ölpackung mit einem Mineralstoff-Massageöl.

Kahlköpfigkeit

Kalium phosphoricum Nr. 5
Natrium chloratum Nr. 8
Natrium phosphoricum Nr. 9
Silicea Nr. 11

✽ Versuchen Sie, diesem hartnäckigen Problem mit einer Packung als Mineralstoffbrei, wie oben beschrieben, oder einer Spülung beizukommen.

Schmerzen am Haarboden

Silicea Nr. 11

✽ Machen Sie eine Packung als Mineralstoffbrei, wie oben beschrieben, oder eine Spülung.

Haarschwund (langsames Wachstum)

Kalium phosphoricum Nr. 5
Natrium chloratum Nr. 8

✽ Machen Sie eine Packung als Mineralstoffbrei, wie oben beschrieben, oder eine Spülung.

Haarbrechen

Calcium fluoratum Nr. 1

✽ Machen Sie eine eine Packung als Mineralstoffbrei, wie oben beschrieben, oder eine Spülung. Bei Haarspliss sollte zusätzlich Nr. 9 eingesetzt werden.

Kopfflechten

Ferrum phosphoricum Nr. 3
Kalium phosphoricum Nr. 5
Kalium sulfuricum Nr. 6
Natrium chloratum Nr. 8
Natrium phosphoricum Nr. 9
Machen Sie eine Spülung.

✽ Zusätzlich sollten Sie diese Mineralstoffe auch einnehmen.

Dünne Haare

Ferrum phosphoricum Nr. 3
Kalium phosphoricum Nr. 5
Natrium chloratum Nr. 8

✽ Machen Sie wöchentlich eine Ölpackung.

Haare ohne Volumen

Calcium fluoratum Nr. 1
Kalium phosphoricum Nr. 5
Natrium chloratum Nr. 8
Silicea Nr. 11

✽ Machen Sie wöchentlich eine Ölpackung.

Haarausfall

Ferrum phosphoricum Nr. 3
Kalium phosphoricum Nr. 5
Natrium chloratum Nr. 8
Natrium phosphoricum Nr. 9
Natrium sulfuricum Nr. 10

✽ Machen Sie wöchentlich eine Packung als Mineralstoffbrei, wie oben beschrieben, oder eine Spülung.

Haarpflege   **Das Beste für Ihr Haar**

Gefärbtes Haar braucht besonders viel Pflege, weil es leicht spröde wird. Grundsätzlich wird bei jedem Färbevorgang die oberste Schicht der Haare, die Schuppenschicht, aufgeraut, damit die Farbpigmente dort eingelagert werden können.

Wenn Sie ein Mineralstoff-Duschgel anwenden, sollten Sie wissen: Durch die in ihm enthaltenen Mineralstoffe wird eine Regeneration der Haare eingeleitet, und die Einfärbung verliert sich – die natürliche, ursprüngliche Haarfarbe kommt zum Vorschein. Es spricht für die überzeugende Wirkung der Mineralstoffe, sollte aber vorher bedacht werden. Nichtsdestotrotz gibt es ein paar Tricks, wie Sie die Haare auf natürlichem Wege tönen können.

Tönung der Haare mit Kräutern

Aufhellende Spülung für Blonde

Zutaten
Kamillentee

❋ Spülen Sie Ihr Haar nach jedem Waschen zwei- bis dreimal mit Kamillentee.

Tönung für dunkles Haar

Zutaten
Salbei
Rosmarin
Apfelessig

❋ Lassen Sie 4 Esslöffel Salbei und 2 Esslöffel Rosmarin 30 Minuten in 1 Liter Wasser sieden, seihen Sie das Ganze ab und lassen Sie es abkühlen.

❋ Geben Sie nun einen Esslöffel Apfelessig dazu und wenden Sie die Tönung nach der Haarwäsche als letzte Spülung an.

Rottönung

Zutaten
Schwarzer Tee
Hennapulver
Olivenöl

❋ Bereiten Sie einen Tee zu aus zwei Kaffeelöffeln schwarzem Tee, seihen Sie ihn ab und vermischen Sie ihn in einer Schüssel mit

100 Gramm Hennapulver. Rühren Sie einen Esslöffel Olivenöl ein, damit eine sämige Masse entsteht.
- Tragen Sie die Tönung sofort auf das Haar auf, decken Sie es mit einer Plastikhaube ab und wickeln Sie alles mit einem Handtuch warm ein.
- Spülen Sie nach 2 bis 3 Stunden das Ganze aus und waschen Sie das Haar wie gewohnt.

Die Kopfhaut

Die Kopfhaut ist äußerst sensibel und sehr gut durchblutet, denn ihr obliegt die Bildung und das Wachstum der Haare. Störungen des Haarbodens wirken sich auf die Qualität der Haare aus und gesundheitliche Störungen des Körpers auf die Kopfhaut.

Vor allem der Ansatz der Haare ist oft von Störungen gekennzeichnet. Meistens zeigen sich hier rote Ränder, die für einen Mangel an Ferrum phosphoricum Nr. 3 und Natrium chloratum Nr. 8 stehen.

Da die Haare, wie bereits erwähnt, eine regelrechte Schadstoffdeponie darstellen, liegt die Vermutung nahe, dass auch die Kopfhaut mit Schadstoffen belastet ist. Aus diesem Grunde ist eine gründliche, schonende Pflege der Kopfhaut, wie mit dem Mineralstoff-Duschgel, so wichtig.

Duschgel für Körper und Haare

Die wichtigsten Mineralstoffe für Ihre Haare sollten in Ihr Mineralstoff-Duschgel eingearbeitet sein. Schäumen Sie Ihr Haar mit dem Duschgel ein und lassen Sie es während des ganzen Duschvorgangs als Packung einwirken; anschließend spülen Sie es wieder aus.

Für die Elastizität des Haares ist Calcium fluoratum Nr. 1 zuständig. Die Pigmentierung wird über den Betriebsstoff Kalium sulfuricum Nr. 6 gesteuert, und für die Fülle des Haares wird Silicea Nr. 11 benötigt. Die Kopfhautdurchblutung und damit eines der wichtigen hautbildenden Systeme wird mit Ferrum phosphoricum Nr. 3 gefördert. Schließlich sind die Betriebsstoffe Kalium phosphoricum Nr. 5 und Natrium chloratum Nr. 8 für die Neubildung der Haarzellen zuständig.

Mein Tipp

„Wenn Sie Ihr rotes Haar natürlich aufhellen möchten, empfehle ich Ihnen, Preiselbeersaft unverdünnt zwei Minuten im Haar einziehen zu lassen. Anschließend waschen Sie das Haar wie gewohnt."

Vorsicht

Eine Tönung mit Henna ist dauerhaft – Sie sollten sich also vorher überlegen, ob Sie diese Rottönung auch wirklich wollen! Arbeiten Sie ferner mit Einmalhandschuhen und decken Sie alles ab, was nicht rot werden soll, denn Henna färbt auch die Umgebung im Badezimmer und Ihre Haut! Vor allem den Haaransatz sollten Sie daher mit einer fetten Creme abdecken.

Info

Insgesamt gelten für die Kopfhaut dieselben Bedingungen wie für die übrige Haut des Körpers. Allerdings ist sie viel empfindlicher als diese. Das hängt auch damit zusammen, dass sie von den Haaren ständig geschützt ist.

Braun ohne Reue

Erst die französische Modeschöpferin Coco Chanel machte gebräunte Haut salonfähig. Bis dahin galt ein makelloser weißer Teint als fein, und so schützte man die Haut mit Sonnenschirmen und breitkrempigen Hüten. Heute wissen wir, dass man damals gar nicht so Unrecht hatte: Sonnenbäder sind nur wohl dosiert zu empfehlen, da eine übermäßige Sonnenexposition der Haut dauerhafte Schäden zufügen kann.

Tipp
Denken Sie an einen Sunblocker mit besonders hohem Lichtschutzfaktor, wenn Sie zum Skifahren oder Skiwandern aufbrechen. Denn sonst könnte es trotz Kälte sein, dass Sie einen sonnigen Ausflug mit einem kräftigen Sonnenbrand bezahlen.

Die Sonnenstrahlung auf der Erde

Die Ozonschicht der Atmosphäre fängt die schädlichsten Strahlen ab. Herab auf die Erde gelangen nur UVA- und UVB-Strahlen: sichtbares Licht und Infrarotstrahlung. Die schädliche UVC- und die Röntgenstrahlung werden durch die Ozonschicht adsorbiert; da die Ozonschicht uns also vor schädlicher Strahlung schützt, ist sie lebensnotwendig für das Leben auf der Erde.

Der Anteil der UV-Strahlen nimmt alle 300 Höhenmeter um 4 Prozent zu, woraus folgt, dass der Anteil der UVB-Strahlen im Gebirge höher ist als im Flachland. Im Sommer treffen die Sonnenstrahlen vor 11 Uhr und nach 14 Uhr schräg auf die Erde, und dabei erreichen uns nur 30 bis 50 Prozent der Sonnenenergie. Umgekehrt heißt das, dass die UV-Strahlung zwischen 11 und 14 Uhr am intensivsten ist.

Ferner muss die Reflexion des Bodens mitberücksichtigt werden: Gras und Pflanzen adsorbieren nämlich 90 Prozent der Sonnenstrahlen, weiße Flächen wie weiße Wände, vor allem aber auch Schnee reflektieren hingegen 80 Prozent der Sonnenstrahlung und verstärken damit die Wirkung der Sonne erheblich.

Sonne auf unserer Haut

Grundsätzlich brauchen wir das Sonnenlicht für unser Leben: Es ist für die Synthese des Vitamin D unverzichtbar – ohne das Sonnenlicht könnten wir diesen Vitalstoff nicht bilden. Auch die Photosynthese der Pflanzen funktioniert nicht ohne Licht, und ohne Photosynthese wären die Pflanzen wiederum nicht in der Lage, den für uns alle lebensnotwendigen Sauerstoff zu produzieren. Außerdem hat das Sonnenlicht eine direkte Einwirkung auf unsere Psyche: Denken Sie nur daran, wie oft wir an Regen- oder Nebeltagen eher niedergeschlagen sind und wie sehr wir uns umgekehrt über sonnendurchflutete Schönwetterperioden freuen.

Info

Je größer die Wellenlänge der Strahlung ist, umso tiefer dringt sie in die Hautschichten ein.

Die Strahlung

Die Infrarotstrahlung im Sonnenlicht hat wärmende Wirkung und führt zu einer Erweiterung der Hautgefäße; so erklärt sich die Rötung der Haut durch die Erwärmung. Die UVA-Strahlung führt zu einer unmittelbaren Pigmentbildung in der Haut, die jedoch nur einige Stunden anhält und keinen wirksamen Schutz aufbaut. Sie entsteht durch Oxidation des in der Haut enthaltenen Melanins, das unmittelbar mit der Anwesenheit von Kalium sulfuricum Nr. 6 zusammenhängt.

Für den Sonnenbrand zeichnen vor allem die UVB-Strahlen verantwortlich. Er ist dadurch gekennzeichnet, dass zwischen der Sonneneinwirkung (Exposition) und dem Auftreten des Erythems (Rötung der Haut) zwei bis sechs Stunden vergehen und die Beschwerden im weiteren Verlauf nach zwölf Stunden ihre maximale Intensität erreichen.

Die Bräunung der Haut

Die Bräunung ist nichts anderes als ein Schutzmechanismus der Haut vor der Sonneneinwirkung. Durch ausreichende Pigmentierung ist die Haut nämlich geschützt vor der schädlichen Einwirkung der UV-Strahlen, und hier im Wesentlichen der UVB-Strahlen.

Sonnenbraun **Braun ohne Reue**

Im Zuge der Pigmentierung werden die dafür zuständigen Hautzellen (Melanozyten) dazu angeregt, zusätzlich Melanin zu produzieren. Es dauert zwei Tage, bis dieses Melanin erzeugt und auf die benachbarten Keratinzellen verteilt ist. Um diesen Vorgang zu verstärken, werden so genannte ruhende Melanozyten aktiviert. Ein langfristiger Eigenschutz der Haut wird so allmählich aufgebaut.

Die Vorbereitung auf die Sonne

In der Biochemie nach Dr. Schüßler sind verschiedene Mineralstoffe in der Lage, eine gesunde Bräunung zu unterstützen. Ferrum phosphoricum Nr. 3 etwa ist ein gutes Vorsorgemittel gegen Sonnenbrände; zusätzlich muss aber auch noch der Betriebsstoff Kalium sulfuricum Nr. 6 zur Verfügung gestellt werden, um eine gute Bräune zu erzielen. Natrium sulfuricum Nr. 10 wiederum ist erforderlich, um die im Unterhautgewebe steckende Ansammlung von Schadstoffen abzutransportieren. Der Wasserhaushalt wird über Natrium chloratum Nr. 8 gesteuert, während die Elastizität der Haut Calcium fluoratum Nr. 1 für diesen anstrengenden Stoffwechselvorgang braucht.

- ✻ Wenn Sie besonders hellhäutig und daher sonnenempfindlich sind, sollten Sie sich mit der konsequenten Einnahme dieser Mineralstoffe im Frühjahr auf die Sommermonate langfristig vorbereiten. Mischen Sie einfach von allen Mineralstoffen je 7 bis 10 Tabletten zusammen und nehmen Sie sie über den Tag verteilt ein. Damit verlängern Sie auch die Eigenschutzzeit der Haut.

- ✻ Begleitend sollten Sie zu dieser Einnahme ein Mineralstoff-Sonnengel wie das Pre und After Sun Gel regelmäßig auftragen – und zwar besonders auf den Stellen, die jedes Jahr unter den ersten Sonnenstrahlen leiden.

Der richtige Hautschutz   Sonnenbraun

Der Sonnenbrand

Der Sonnenbrand ist eine heftige Entzündungsreaktion, die sich mit einem Erythem (Hautrötung durch Gefäßerweiterung) äußert. Dabei werden die Zellen der Epidermis erheblich geschädigt, was einen Reparaturmechanismus in Gang setzt. Für das erhöhte Transportgeschehen ist Ferrum phosphoricum Nr. 3 zuständig, während der Reparaturmechanismus der Haut viel Natrium chloratum Nr. 8 braucht.

Die UV-Strahlen führen eine Verdickung der Hornschicht nach etwa 24 Stunden herbei, um den Schutz zu erhöhen und weitere Schäden zu verhindern. Die Wiederherstellung des früheren Zustandes erfolgt erst nach 30 bis 60 Tagen.

Je besser die Mineralstoffversorgung betrieben wird, umso leichter wird Ihre Haut mit diesem schlimmen Problem fertig. Unterstützen Sie den Heilungsprozess durch Auftragen eines mineralstoffhaltigen Gels mit Aloe Vera (z. B. Pre und After Sun Gel).

Vorsicht

Bedenken Sie, dass übermäßige Sonnenbestrahlung auch die Schädigung innerhalb der Haut durch freie Radikale verstärkt, was zu einer frühzeitigen Alterung führt (Aging).

Der richtige Hautschutz

Wir verfügen je nach Hauttyp über ein gewisses Sonnenkapital, das wir im Laufe unseres Lebens verbrauchen; es ist von Mensch zu Mensch verschieden. Immer wenn Sie in die Sonne gehen, verbrauchen Sie unwiderruflich einen Teil Ihres Kapitals. So ist im Durchschnitt die Hälfte des Kapitals schon vor dem 20. Lebensjahr ver-

Haut-typ	Haar-farbe	Augen-farbe	Haut	Sonnen-brand	Bräunung
I	Blond od. rötlich	Blau bis Grün	Hell	Immer	Keine
II	Blond bis hellbraun	Blau, Grau, Braungrün	Hell	Häufig	Gering
III	Braun	Braun	Hellbraun	Gelegentlich	Deutlich
IV	Dunkel-braun	Braun	Braun	Nie	Stark

braucht, weil sich Kinder und Jugendliche mehr im Freien aufhalten als Erwachsene.

Je nach Haarfarbe, Augenfarbe, Hautpigmentierung und Neigung zu Sonnenbrand werden vier Hauttypen unterschieden.

Der passende Lichtschutzfaktor

Auf jedem Sonnenschutzprodukt ist ein Lichtschutzfaktor (LSF) angegeben. Diese Zahl ist ein Multiplikator, mit dem Sie errechnen können,

Info

Lassen Sie sich nicht ins Bockshorn jagen: Denn viele Sonnenhungrige glauben, dass sie mit einem hohen Sonnenschutz nicht braun werden. Das ist jedoch falsch. Die Bräunung baut sich nur langsamer auf, hält aber dafür umso länger an.

Lichtschutzfaktor und Hauttyp

Typ I
Begeben Sie sich ungeschützt in die Sonne, so können Zellschäden bereits nach fünf Minuten (Eigenschutzzeit) auftreten.

❋ Ihr Sonnenschutz: In den ersten Urlaubstagen ein sehr hoher LSF, danach kann ein mittlerer LSF gewählt werden.

Typ II
Sie dürfen sich zehn Minuten ohne Schutz der Sonne aussetzen.

❋ Ihr Sonnenschutz: In den ersten Urlaubstagen ein sehr hoher LSF, danach kann ein mittlerer LSF gewählt werden.

Typ III
Sie neigen eher nicht zu Sonnenbrand, sollten sich aber ungeschützt nicht länger als 15 bis 25 Minuten in der Sonne aufhalten.

❋ Ihr Sonnenschutz: Zu Urlaubsbeginn sollten Sie Produkte mit mittlerem LSF benützen, danach genügt ein niedriger LSF.

Typ IV
Sie werden immer braun, Sonnenbrände sind eher selten.

❋ Ihr Sonnenschutz: Zu Beginn genügt ein LSF von 6 bis 16, später kommen Sie ganz ohne Sonnencreme aus. Die Eigenschutzfähigkeit der Haut ist hier am stärksten von allen Hauttypen ausgeprägt.

wie lange Sie nach dem Auftragen des Präparates in der Sonne bleiben können, ohne eine Schädigung der Haut befürchten zu müssen. Natürlich variiert auch diese Zeitspanne je nach Hauttyp.

Sonnenschutz – ja, bitte!

Chemische UV-Filter, wie sie in vielen Sonnenschutzpräparaten enthalten sind, können vom kindlichen Organismus bis zu einem Lebensalter von drei Jahren nicht abgebaut werden. Deshalb empfehle ich für die Kleinsten mineralische UV-Filter. Titandioxid- und Zinkoxidpartikel reflektieren dabei die Sonnenstrahlung und sind daher auch für allergiebelastete Menschen geeignet.

Keines meiner Produkte enthält einen Sonnenschutz. Mit den Mineralstoffen können Sie dennoch wirksam einer Sonnenallergie vorbeugen bzw. sie abbauen und die Haut dabei unterstützen, einen guten Eigenschutz zu entwickeln.

So sparen Sie wertvolles Sonnenkapital ein

- Vermeiden Sie Sonnenbäder zwischen 11 und 14 Uhr.
- Achten Sie auf Bedürfnisse und Besonderheiten Ihres Hauttyps.
- Akzeptieren Sie die Verzögerung einer effektiven Bräunung durch ein gutes Sonnenschutzmittel.
- Achten Sie auf die Reflexionseigenschaften der Umgebung (Sand, Schnee).
- Trocknen Sie sich nach dem Baden ab, da feuchte Haut durchlässiger für UV-Strahlung ist.
- Kinder brauchen guten Schutz: Hut, T-Shirt, Sonnencreme mit hohem LSF und mineralisiertem UV-Filter.

Tipp

Damit Ihr Sonnenschutzpräparat wirken kann, muss es 20 Minuten vor der Sonneneinwirkung aufgetragen werden. Die entsprechenden Lotionen, Cremes und Gele werden jedoch nicht einmassiert, sondern nur dünn aufgetragen, da sie ja an der Oberfläche der Haut verbleiben sollen.

Tipp

Bitte achten Sie stets darauf, dass Ihre Kinder gut geschützt sind, denn ihre zarte Haut reagiert besonders empfindlich auf UV-Strahlung.

Tipp

Wenn Sie sich der Sonne länger aussetzen wollen, sollten Sie Ihre Haut auf diese intensive Beanspruchung gewissenhaft vorbereiten.

Zu Risiken und Nebenwirkungen ...

Exzessive Sonnenbäder mögen zwar für nahtlose Bräune und neidvolle Blicke unter den Zeitgenossen sorgen, sie sind jedoch in der Regel teuer erkauft – wenn nicht mit einem akuten Sonnenbrand, dann mit einer langfristigen Schädigung und frühzeitigen Alterung der Haut. Sogar Hautkrebs kann später daraus entstehen.

Sonne verschlimmert

❋ **Akne** wird durch Sonneneinwirkung kurzzeitig verbessert. Später jedoch verdicken die UVB-Strahlen die Hornschicht, sodass die Ausgänge der Talgdrüsen leichter verstopfen und mehr Mitesser entstehen.

❋ **Rosazea (Kupferfinne)** verschlechtert sich. Aus der Sicht der Schüßlerschen Heilweise liegt hier eine Belastung der Haut mit Schadstoffen vor, die durch die Wärme der Sonne regelrecht aktiviert werden. Der Mineralstoff für den Schlackenabbau in allen Bereichen des Organismus ist Natrium sulfuricum Nr. 10.

❋ **Herpes:** Durch die Sonne kann ein regelrechter Herpesschub ausgelöst werden.

Die Sonnenallergie
Belastende Stoffe und Faktoren

Heute gelangt der Mensch durch die Fülle von Belastungsstoffen aus seiner Umwelt oft bis an die Grenzen seiner Entgiftungs- und Entschlackungsmöglichkeiten. Farbstoffe und Lösungsmittel und Klebstoffe in Möbeln, Kleidern und Wandanstrichen belasten unser Wohnmilieu. Weichmacher, Konservierungsmittel, Farb- und Duftstoffe finden sich in Lebensmitteln, Kaffee und schwarzer Tee wiederum enthalten Röststoffe, Tabakrauch, Autoabgase

(Cadmium), und die Amalgamfüllungen der Zähne belasten uns mit Schwermetallen. Hinzu kommen die verschiedenen Arzneimittelabbauprodukte, die wir nicht immer ausscheiden können.

All diese Belastungsstoffe bezeichnet man als Xenobiotika. Stress und psychische Belastungen verstärken die Auswirkungen dieser umfassenden Vergiftung.

Panikreaktion des Körpers

Wenn die Deponien an- bzw. überfüllt sind, reagiert der Organismus panisch auf jede zusätzliche Belastung: Er antwortet mit einer Allergie. Nicht umsonst nehmen alle Krankheiten, bei denen überfüllte Deponien im Hintergrund stehen (wie Schuppenflechte, Neurodermitis, Heuschnupfen, Allergien gegen Hausstaub und Pollen), unter der Bevölkerung rapide zu.

Eine der Ablagerungsmöglichkeiten von Schadstoffen ist das Gewebe unter der Haut. Häufig sammeln sich deshalb Schlacken in gelöster Form hier im Unterhautgewebe. Durch die Erwärmung über die Sonnenstrahlen und die vermehrte Durchblutung werden diese Schlackenstoffe aktiviert: Der Körper hofft nun auf eine Möglichkeit, sie endlich loszuwerden. Die Schadstoffe werden an die Hautoberfläche gedrückt, damit sie z. B. ausgeschwitzt werden können. Es entstehen grünliche Bläschen, die besonders stark jucken und oft aufgekratzt werden: Die Sonnenallergie ist da.

Linderung durch Mineralstoffe

* Der Mineralstoff, der eine Verschlackung abbauen kann, ist Natrium sulfuricum Nr. 10. Die Elastizität der Hornhaut steuert Calcium fluoratum Nr. 1, Kalium sulfuricum Nr. 6 brauchen wir zur Bildung der Oberhaut und ausreichenden Pigmentierung.

* Durch die Sonnenstrahlung wird der Stoffwechsel des Körpers angekurbelt. Beschleunigte Stoffwechselvorgänge lassen im Gewebe vermehrt Eiweißstoffe entstehen, die durch Calcium phosphoricum Nr. 2 gesteuert werden, weil es den Eiweißstoffwechsel in der Biochemie nach Dr. Schüßler reguliert.

* Damit beschleunigte Stoffwechselvorgänge im Körper überhaupt problemlos ablaufen können, benötigt der Organismus Ferrum

Info

Alle Fremdstoffe, die nicht ausgeschieden oder abgebaut werden können, lagern sich im Binde- und Fettgewebe sowie in den Zellen ein und können dort sogar zur Erbgutveränderung führen. Manchmal werden sie in der Körperflüssigkeit des Bindegewebes in Lösung gehalten: Dann haben wir geschwollene Hände, Beine und Füße.

Vorsicht

Kleinkinder bekommen die Belastung vielfach schon von der Mutter in die Wiege gelegt. Auch etwaige Mängel an Betriebsstoffen gibt die Mutter weiter, da ihr eben selbst bestimmte Mineralstoffe nicht in ausreichendem Maße zur Verfügung stehen.

Sonnenbraun   **Braun ohne Reue**

Mein Tipp

„Ich behandle vorbeugend die zumeist betroffenen Hautstellen wie Dekolleté und Oberarme über zwei oder drei Monate vor der Sonneneinwirkung, um die Eigenschutzeigenschaften der Haut zu verstärken. Einer Sonnenallergie können Sie auch vorbeugen, indem Sie parallel zum Auftrage des Gels die genannten Mineralstoffe einnehmen."

Tipp

Wenden Sie das Gel regelmäßig bereits im Frühjahr an, um die Haut schon vor dem ersten ausgiebigen Sonnenbad auf die Sonne vorzubereiten – besonders, wenn Sie dazu neigen, z. B. auf den Armen und am Dekolleté nach dem ersten Sonnenbad mit Hautrötung oder gar Bläschen zu reagieren. Denken Sie jedoch auch an einen Sonnenschutz, der im Pre und After Sun Gel beispielsweise nicht enthalten ist.

phosphoricum Nr. 3. Durch Sonnenstrahlung wird meist die Körpertemperatur erhöht, wir beginnen zu schwitzen. Dies wiederum beeinflusst unseren Wasserhaushalt, der über den Betriebsstoff Natrium chloratum Nr. 8 reguliert wird.

❀ Alle beschriebenen Bedürfnisse der Haut lassen sich umfassend mit einem entsprechenden Mineralstoff-Sonnengel mit Aloe Vera (z. B. Pre und After Sun Gel) versorgen und stillen.

Die Pflege davor und danach

Die Regeneration der Haut nach dem Sonnenbad ist sehr wichtig. Ich empfehle auch hier ein mineralstoffhaltiges Gel wie das Pre und After Sun Gel mit Aloe Vera, das keine Emulgatoren und Fette enthält, um der Haut bei der Regeneration zu helfen. Es sollte überdies fettfrei und damit besonders geeignet für sonnenempfindliche Haut sein. Die enthaltenen Mineralstoffe entlasten das Stoffwechselgeschehen in der Haut.

Ein mineralstoffhaltiges Sonnengel mit Aloe Vera hat viele Vorteile:

❀ Bei regelmäßigem Auftragen nimmt die Empfindlichkeit der Haut ab, sodass es weniger oft zu Sonnenbränden kommt.

❀ Bei Hautrötungen und Sonnenallergie, Jucken nach dem Sonnenbad oder gar Sonnenbrand verschafft es in kurzer Zeit Linderung.

❀ Es hemmt Entzündungen, wirkt heilend und spendet viel Feuchtigkeit. Das Gel kühlt und führt durch den hohen Wasseranteil der Haut vermehrt Feuchtigkeit zu. Ebenfalls hautberuhigend wirkt ein eventuell eingearbeitetes Panthenol.

❀ Calcium fluoratum Nr. 1 entspricht den hohen Elastizitätserfordernissen, die bei intensiver Sonneneinstrahlung entstehen. Vor allem die oberste Schicht der Haut behält durch Calcium fluoratum Nr. 1 ihre Geschmeidigkeit. Calcium phosphoricum Nr. 2 wird für den Eiweißstoffwechsel eingesetzt, der unter der Sonneneinstrahlung vermehrt stattfindet.

※ **Ferrum phosphoricum Nr. 3** wird dringend für die erhöhte Durchblutung benötigt. Die enormen Stoffwechselanforderungen in der Haut infolge der Einwirkung der Sonnenstrahlen können nur durch diesen Mineralstoff erfüllt werden. Er versorgt auch die Zellen verstärkt mit Nährstoffen, außerdem beugt er wirksam der Rötung der Haut vor.

※ **Kalium sulfuricum Nr. 6** ist jener Mineralstoff, der für die so sehr begehrte Bräunung sorgt – vor allem bei jenen Menschen, die schwer braun werden. Mit diesem Betriebsstoff steuert der Organismus die Melaninproduktion und damit die Pigmentierung der Haut. Je besser der Körper mit diesem Mineralstoff versorgt wird, umso weniger Pigmentflecken und Störungen in der Pigmentierung der Haut entstehen.

※ **Natrium chloratum Nr. 8** hat in Bezug auf den Sonnenbrand die größte Bedeutung. Durch den Einfluss der Sonne verliert die Haut sehr viel Flüssigkeit; Nr. 8 aber hilft den betroffenen Zellen, sich wieder mit Flüssigkeit zu versorgen und zu regenerieren.

※ **Natrium sulfuricum Nr. 10** wirkt in besonderem Maße der Entstehung einer Sonnenallergie entgegen. Mit Hilfe dieses Mineralstoffes ist der Organismus nämlich in der Lage, die Schadstoffe unter der Haut abzubauen und auf natürlichem Wege auszuscheiden. Sind die Belastungen in diesem Zusammenhang sehr groß, sollte zusätzlich ein basischer Badezusatz angewendet werden. Nach dem Sonnenbad hilft Natrium sulfuricum Nr. 10 dem Organismus ferner, die in Bewegung geratenen Schadstoffe zu binden, sodass sie nicht nach außen treten können.

Info

Natrium chloratum Nr. 8 können Sie nicht nur bei Sonnenbrand, sondern auch bei Verbrennungen allgemein einsetzen. Hier wirkt dieser Mineralstoff wahre Wunder, indem er die Schäden lindert, die durch die Verbrennung entstanden sind.

Männer Der tolle Mann

Der tolle Mann

Die weibliche Haut ist wesentlich sensibler als die männliche. Trotzdem wollen immer weniger Männer auf Hautpflege oder Kosmetik verzichten, da sie sich durch die zunehmende Schadstoffbelastung bewusst werden, dass auch ihre Haut der Pflege bedarf. Sie verwenden bevorzugt duftstofffreie, unparfümierte Körperpflegeserien – gern auch die Kosmetikprodukte ihrer Partnerinnen; besonders beliebt sind hier die Gesichtscreme oder das Duschgel für Körper und Haare, aber auch das Pre und After Sun Gel mit Aloe Vera. Ein Geheimtipp ist auch die Mineralstoff-Zahnpaste.

Hautpflege für Herren

Wenn die Haut nach dem Rasieren leicht gereizt ist, vielleicht sogar gerötet, verlangt sie geradezu nach der Mineralstoff-Gesichtscreme. Alle besonderen Erfordernisse der Haut für die starke Beanspruchung des Rasierens werden durch die darin enthaltenen Mineralstoffe erfüllt. Manche Männer schätzen hier aber auch das besonders feuchtigkeitsspendende Gel (z. B. Pre und After Sun mit Aloe Vera).

Bei der Pflege für die Haut des gesamten Körpers gelten dieselben Überlegungen wie bei der weiblichen Haut. Ist die Haut feuchtigkeitsarm, so sollte eine Körperlotion, z. B. die Tendiva Körperpflegelotion, zur Anwendung kommen, bei fettarmer Haut eine Körpercreme, z. B. die Körperpflegecreme Regeneration.

Das Duschgel findet unter den Herren der Schöpfung viele Anhänger. Da es den Körper nicht parfümiert, sondern der angenehme Orangenduft sich nach dem Duschen rasch verliert, kann jeder seinen eigenen Duft weiterverwenden. Die Farbe der Haare wird durch das enthaltene Kalium sulfuricum Nr. 6 verstärkt und ein eventuelles Ergrauen noch einige Zeit hinausgezögert.

Pflege rund um den Sport

Hautschutz

Bei allen Sportarten, die im Winter ausgeübt werden, muss auf einen besonderen Schutz der Gesichtshaut geachtet werden. Bei tiefen Temperaturen friert das Wasser in der Haut und es kommt zu meist irreparablen Schäden. Aber auch bei Tauchern und Sportarten, die sehr „windig" sind wie das Segeln, ist ein Schutz der Haut notwendig. Dieser wird durch eine fette Creme gewährleistet, die in ihrer Wirkung noch durch Silikonöl unterstützt wird, wie etwa die Askinel.

Muskelkater

Wer kennt ihn nicht, den Muskelkater, den vor allem jene Sportler plagt, die nicht regelmäßig zur Ausübung ihres geliebten Sporte kommen. Wer schon im Vorhinein diesem Übel vorbeugen will, kann dies mit Ferrum phosphoricum Nr. 3 tun. Wurde diese Möglichkeit versäumt, und sitzt das schwere Gefühl in den Waden, oder kann man sich überhaupt nur schwer bewegen, wird innerlich Kalium sulfuricum Nr. 6 und äußerlich ein Sportgel angewendet, das hochverdünnte Mineralstoffe enthält, wie beispielsweise das Cremegel G.

Tipp

Gerade bei sportlichen Betätigungen ist auf eine gute Versorgung mit den hochverdünnten Mineralstoffen zu achten, damit keine Hypotheken aufgebaut werden.

Alterung der Haut

Bei Sportlern lässt sich häufig ein starker Abbauprozess in der Hut beobachten. Er hat damit zu tun, dass der Organismus bei den hohen Anforderungen, wie sie durch intensive sportliche Betätigung auftreten, auch die Reserven in der Haut angreift. Um diesem Prozess vorzubeugen, sollten nicht nur die benötigten Mineralstoffe eingenommen, sondern auch von außen zugeführt werden, wie zum Beispiel mit der Mineralstoffcreme Regeneration.

Verletzungen

Bei kleinen offenen Verletzungen wirkt das Ferrum phosphoricum innerlich und äußerlich sehr gut. Äußerlich wird es dann als Breiauflage direkt auf die verletzte Stelle aufgetragen. Dadurch wird nicht nur die Blutung rasch gestillt, sondern auch eine narbenfreie Heilung ermöglicht.

Anhang

Hautpflege mit den Produkten der Adler Pharma

Mineralstoff-Gesichtscreme

Die Gesichtscreme fördert die Elastizität der Haut, stützt das Bindegewebe und wirkt der Faltenbildung entgegen. Sie ist für jeden Hauttyp geeignet und enthält keine Duftstoffe.

Die Gesichtscreme ist eine leichte Feuchtigkeitscreme, die alle Bedürfnisse der Haut mit hoch verdünnten Mineralstoffen abdeckt. Sie versorgt die Haut mit Feuchtigkeit, reguliert den Fettstoffhaushalt und unterstützt eine gesunde Pigmentierung.

Die Gesichtscreme kann als Make-up-Unterlage verwendet und mit anderen Kosmetikprodukten kombiniert werden. Nach einer kurzen Umstellungsphase werden Sie die gute Wirkung der Mineralstoffe spüren und schätzen. Diese Creme ist auch für Kinder geeignet.

Askinel Hautschutz- und Hautpflegecreme

Askinel ist eine fette Creme und daher besonders als Kälteschutzcreme für den Aufenthalt und Sport im Freien und zur Winterzeit geeignet. Durch den hohen Gehalt an Sheabutter, Avocadoöl, Vitamin E und anderen wertvollen pflanzlichen Ölen sowie Panthenol eignet sich Askinel auch zur täglichen Hautpflege bei Problemen wie rissigen Hautstellen, rissigen bzw. schrundigen Händen. Askinel ist eine hervorragende regenerierende Handcreme, die sich auch als Fußcreme verwenden lässt, etwa bei starker Hornhautbildung an den Fersen.

Diese Creme eignet sich zur täglichen Gesichtspflege, besonders im Hinblick auf überheizte, trockene Raumluft im Winter. Im Sommer schützt Askinel beim Tauchen vor Kälte und beim Segeln vor dem Austrocknen der Haut durch Wind. Auch harte, störende Narben, aber auch verhärtete Sehnen werden durch regelmäßige Massage mit Askinel weicher und geschmeidiger.

Mineralstoff-Cremegel Seborive

Seborive ist ein Cremegel für fette und unreine Haut, die zu Akne neigt. Es pflegt und spendet Feuchtigkeit. Die Zusammenstellung der Mineralstoffe berücksichtigt die entzündeten Talgdrüsen, die infolge eines Mangels an Natrium phosphoricum Nr. 9 verstopft sind. Dieser Mangel bringt es mit sich, dass die Fettausscheidung nicht mehr ausreichend reguliert werden kann: Es entstehen Pickel.

Das Cremegel Seborive wird täglich morgens und abends auf die betroffenen Hautstellen aufgetragen. Die zusätzliche Einnahme der in diesem Falle zuständigen hoch verdünnten Mineralstoffe ist unerlässlich, weil der Körper auch innerlich umgestimmt werden muss. Achten Sie auch unbedingt auf eine adäquate

Ernährung: Das heißt, dass Sie alle säurehaltigen und säurebildenden Nahrungsmittel so weit wie möglich meiden sollten.

Tendiva Mineralstoff-Körperlotion

Diese Körperlotion pflegt die Hautpflege mit hoch verdünnten Mineralstoffen, die in eine besonders feuchtigkeitsspendende Lotion eingearbeitet werden. Die Mineralstoffe erhalten die Elastizität der Haut, versorgen die Haut mit Energie und regenerieren sie. Der Feuchtigkeitsgehalt der Haut wird unterstützt, ebenso die Struktur und Straffheit des Bindegewebes.

Um den Feuchtigkeitsgehalt in der Haut zu erhöhen, ist in die neue Rezeptur der Tendiva Körperlotion ein Aloe-Vera-Gel eingearbeitet: Ein stabilisiertes Urea, das dem natürlichen Feuchthaltefaktor der Haut nachgebildet ist, befähigt die Haut, mehr Feuchtigkeit zu binden. Die auf diese Weise gut versorgte Körperhaut wird geschmeidig und elastisch und hat ein junges und samtiges Erscheinungsbild.

Mineralstoff-Körpercreme Regeneration

Mit hoch verdünnten Mineralstoffen fördert diese Creme die Elastizität der Haut, stützt das Bindegewebe und reguliert die Pigmentierung der Haut. Sie enthält keine Duftstoffe. Wertvolles Olivenöl pflegt und strafft die Haut und unterstützt die Wirkung der eingesetzten Mineralstoffe.

Die Körpercreme Regeneration eignet sich für die Haut, die zur täglichen Pflege eine Versorgung mit fettenden Substanzen benötigt. Die Pflege bleibt auf der Haut noch viele Stunden spürbar und sorgt für eine samtweiche Haut mit einem dynamischen, lebendigen Hautbild. Die Körperpflege Regeneration führt der Haut all jene Mineralstoffe zu, die sie für einen gesunden Betrieb benötigt, und schützt sie.

Mineralstoff-Körpercreme Evocell

Bei Cellulite ist diese Creme genau richtig, denn sie strafft das Bindegewebe und steigert die Elastizität der Haut. Evocell enthält keine Duftstoffe und zeichnet sich wie die Körpercreme Regeneration durch einen hohen Anteil an wertvollem Olivenöl aus.

Die eingearbeiteten hoch verdünnten Mineralstoffe binden das unter der Haut eingelagerte Eiweiß. Sie aktivieren den Abbau der im Bindegewebe eingelagerten Säuren, die durch den aktivierten Stoffwechsel abgeführt werden. Durch einen speziellen Mineralstoff wird zusätzlich die Durchlässigkeit des Gewebes unterstützt, um die erwünschten Stoffwechselvorgänge im Gewebe zu ermöglichen. Durch die Massage, die beim Auftragen der Creme notwendig ist, wird die Wirkung noch unterstützt.

BaseDent basische Mineralstoffzahnpaste

Diese Zahnpaste ist sehr mild im Geschmack. Sie enthält keine schleimhautreizenden ätherischen Öle wie Pfefferminzöl oder Menthol und kann auch während einer homöopathischen Therapie weiterverwendet werden. Der basische pH-Wert unterstützt die Tätigkeit der Speichelflüssigkeit: Der Speichelfluss wird angeregt und die Selbstreinigung der Zähne gefördert, sodass Karies nicht so leicht entstehen kann. Das bedeutet für Sie, dass sich die Zahnoberflächen nach dem Putzen länger glatt anfühlen. Calendula- und Hamamelisextrakte wirken entzündungshemmend und festigen das Zahnfleisch. Die hoch verdünnten Mineralstoffe unterstützen den Halt der Zähne im Zahnfleisch und beugen Zahnfleischentzündungen und Parodontose vor. Auf den Zusatz der üblichen Fluorverbindungen wurde verzichtet, da Calciumfluorid bereits in hoch verdünnter Form enthalten ist. BaseDent enthält keine Konservierungsmittel.

Mineralstoff-Massageöl

Das Massageöl ist eine ölige Emulsion, in die die hoch verdünnten Mineralstoffe eingearbeitet wurden. Es kommt ohne Duftstoffe aus, festigt das Bindegewebe, beugt Schwangerschaftsstreifen vor und wirkt entspannend auf Bewegungsapparat und Muskulatur. Das eingearbeitete Olivenöl hat eine pflegende und straffende Wirkung für die Haut.

Es wurde eine Kombination von Mineralstoffen gewählt, die für die Gelenke wichtig ist, das Bindegewebe strafft und stärkt und die Haut pflegt. Aus diesem Grund ist es nicht nur für Masseure von besonderer Bedeutung, sondern auch für sportlich aktive Menschen, die „Reibungsverlusten" im Bewegungsapparat vorbeugen wollen.

Mineralstoffhaltiges Pre und After Sun Gel mit Aloe Vera

Dieses fett- und duftstofffreie Gel stärkt sonnenempfindliche Haut vor dem Sonnenbad; nach dem Sonnenbad ist es ein ideales After Sun. Wenn Sie Probleme haben, sich der Sonne auszusetzen, sollten Sie damit die Haut auf die Sonne vorbereiten; aber auch für alle, die an Sonnenallergie leiden, ist dieses Sonnengel gedacht. Tragen Sie das Gel konsequent einige Wochen vor Beginn des Urlaubs auf – Ihre Haut wird es Ihnen danken und robust und widerstandsfähig genug werden, um die Sonnenstrahlen verarbeiten zu können. Wird die Sonne einmal unterschätzt und tritt trotzdem eine Rötung auf, so wird sie sich rasch durch die in dieses Gel eingearbeiteten Mineralstoffe und seinen Gehalt an Aloe Vera verlieren.

Achtung: Dieses Produkt ist kein Sonnenschutzmittel, da es keinen Lichtschutzfaktor enthält!

Mineralstoff-Duschgel für Körper und Haare

Dieses Duschgel kann auch als Haarshampoo und Badezusatz verwendet werden. Es belebt die Haut und unterstützt deren Schutzfunktion. Als Frischezusatz wird ein Orangenkonzentrat verwendet, das aus den ganzen Früchten durch Gefriertrocknung gewonnen wurde. So wird das Duschen zu einem angenehmen Frischeerlebnis.

Bei Kopfschuppen oder Haarproblemen können Sie eine Packung mit dem Mineralstoff-Duschgel machen; der Schaum sollte dann einige Minuten einwirken können. Dabei werden das Haar sowie der Haarboden mit den wichtigen Mineralstoffen versorgt und gestärkt. Anschließend waschen Sie das Duschgel wieder gut aus.

Das Duschgel ist auch bei Neigung zu Juckreiz zu empfehlen und vor allem für jene Personen geeignet, die nach dem Duschen über diese Belastung klagen.

Lippenbalsam mit Mineralstoffen und Panthenol

Der biochemische Lippenbalsam beugt, unterstützt von Panthenol, rissigen und aufgesprungenen Lippen vor. Er stärkt das Bindegewebe der Lippen und fördert die Elastizität dieser zarten Hautpartie, sodass die Lippenfältchen bei intensiver Pflege schwächer werden. Wenn Sie immer wieder unter Herpes im Lippenbereich leiden, ist dieser Lippenbalsam eine besonders gute Möglichkeit zur Vorbeugung.

Wertvolle Fette und Öle wie Sheabutter, Avocadoöl und Bienenwachs pflegen die Lippen und unterstützen die Wirkung der enthaltenen hoch verdünnten Mineralstoffe. Das enthaltene Zinkoxid wirkt adstringierend und desinfizierend, und auch der Feuchtigkeitshaushalt der Lippen wird reguliert.

Entschlackung mit den Produkten der Adler Pharma

BaseCare basisches Bad Adler Pharma

In diesem Produkt findet sich eine Kombination von Mineralstoffen, die den Körper von Schadstoffen und Schlacken, die in die Haut eingelagert sind, befreien. Sie entlasten den Körper über den basischen Wert, indem Säuren ausgeleitet werden und durch das heiße Baden über Körpertemperatur.

Besonders angenehm ist die Anwendung von BaseCare als Packung oder Maske. Sie kann bei Akne, Ekzemen und Pigmentflecken besonders wirksam sein.

Dieses Produkt enthält keine hoch verdünnten Mineralstoffe und ist nicht zum Verzehr geeignet.

Zell Fit Adler Pharma

Dieses Verzehrprodukt, das aus Mineralstoffen in einem ganz bestimmten Mischungsverhältnis zusammengestellt wurde, leitet eine Entschlackung des Körpers ein. Das Pulver kann pur eingenommen oder in Wasser aufgelöst getrunken werden. Angewendet wird es vor allem von all jenen, die gern abnehmen möchten, viele Diäten hinter sich haben und den Jo-Jo-Effekt vermeiden wollen.

Zell Fit bewirkt einen aktiven Abbau von Schadstoffen, die im Fettgewebe eingelagert sind. Bei einem gestörten Säure-Basen-Haushalt wird nicht nur Säure in Form von kristallinen Ablagerungen ins Gewebe eingelagert, sondern in der Folge auch übermäßig Fettgewebe gebildet. Viele der üblichen Diäten bauen Fett ab und auch – wenn keine gute Begleitung erfolgt – Muskelmasse. Die bei diesen Prozessen frei werdenden Säuren, Abbauprodukte und Schadstoffe gelangen in den Stoffwechsel. Ab einer gewissen Konzentration von Schadstoffen und Säuren im Stoffwechselgeschehen des Körpers wird jedoch der weitere Abbau von Gewebe (Gewichtsabnahme) blockiert. Das ist der Moment, in dem viele resignieren und wieder mehr essen, sodass sie wieder an Gewicht zulegen – der Jo-Jo-Effekt ist da.

Genau diese Stoffwechselblockade wird durch die Einnahme von Zell Fit Adler Pharma verhindert. Außerdem ist es jetzt besonders ratsam, mit BaseCare basischem Bad Adler Pharma den Abbau der Schadstoffe zusätzlich zu forcieren, da auch über die Haut eine Schadstoff- und Säureausscheidung möglich ist.

Zell Fit Adler Pharma regt die Stoffwechseltätigkeit der Leber an. Dabei werden die Schadstoffe, die in Lösung gehalten wurden, abgebaut. Die dabei frei werdende Flüssigkeit wird über die ableitenden Harnwege ausgeschieden.

Die Mineralstoffmischung fördert auch die Durchlässigkeit des Bindegewebes, sodass die mit Säure angereicherten Eiweißkonglomerate (Orangenhaut) besser abgebaut werden können. Durch die Einnahme von Zell Fit Adler Pharma wird also eine massive Entsäuerung eingeleitet. Alle beschriebenen Vorgänge bewirken mithin einen Reinigungsprozess und damit verbunden einen Gewichtsverlust. Überdies können Menschen, die unter Ekzemen leiden, eine grundlegende Reinigung des Körpers erreichen, wenn sie Zell Fit Adler Pharma einnehmen.

Es sind Reaktionen möglich, die eine Reduktion der empfohlenen Dosierung zur Folge haben sollten. Bitte besprechen Sie dies mit Ihrem Arzt, Apotheker oder Mineralstoffberater!

Begleitend empfiehlt sich eine Darmreinigung mit Bittersalz. Sie wird die Wirksamkeit des Mineralstoffpulvers erhöhen. Außerdem sollten Sie zusätzlich mit BaseCare basischem Bad Adler Pharma baden und einen guten Stoffwechseltee trinken (bitte nur sehr verdünnt ansetzen!).

Stoffwechseltee Adler Pharma

Wesentlich für den Erfolg einer Entschlackungskur bzw. einer Gewichtsreduktion ist das Trinken von Kräutertee. Sie wurden immer schon zur Unterstützung des Stoffwechsels eingesetzt; so etwa betrachten verschiedene fernöstliche Heilkunden Tee als eine besonders wichtige Arznei zur Gesunderhaltung und Heilung. Der Pflanzenheilkunde wird allmählich aber auch in der wissenschaftlich orientierten Medizin wieder mehr Beachtung geschenkt.

Der Stoffwechseltee ist so zusammengestellt, dass er einerseits eine vermehrte Ausscheidung über die Harnwege bewirkt, andererseits aber auch den Zellstoffwechsel anregt und so die Schadstoffausscheidung fördert. Es werden also die beiden Ausscheidungsorgane Niere und Leber angeregt und gestärkt.

Die Zubereitung

½ Kaffeelöffel Stoffwechseltee wird mit 1 bis 1,5 Liter siedendem Wasser aufgegossen. Lassen Sie den Tee etwa 5 bis 7 Minuten stehen, seihen Sie ihn ab und trinken Sie mehrere Tassen über den Tag verteilt.

Bitte süßen Sie ihn nicht und geben Sie auch keine Zitrone dazu. Wenn Sie den Tee richtig zubereitet haben, schmeckt er ohne Zugaben. Falls er Ihnen noch zu bitter ist, sollten Sie 2 Liter siedendes Wasser verwenden. Die außerordentlich große Verdünnung des Tees ist wichtig, damit der Körper angeregt werden kann, seine Schadstoffe auszuscheiden. Eine zu starke Konzentration des Teeaufgusses würde den Körper hingegen belasten.

Mineralstoffe nach Dr. Schüßler als Cremegel oder Salbe: Indikationen

Calcium fluoratum Nr. 1

Gewebsverhärtungen, Narben, verhärtete Lymphknoten, verhärtete warzenähnliche Hautstellen, Krampfadern, Hämorrhoiden, Leisten- und Nabelbrüche, Bänderschwäche, gedehnte Bänder (Schlottergelenke), Hornhaut, Schrunden, rissige Haut, Fischschuppen, Nagelverwachsungen

Calcium phosphoricum Nr. 2

Muskelkrämpfe (Wadenkrämpfe), Muskelverspannungen (zu hoher Muskeltonus, vor allem im Nacken), Spannungskopfschmerz, bellender Husten (besonders bei Kindern), Knochenbrüche, Schmerzen durch alte Knochenbrüche, Wachstumsschmerzen in den Gelenken (vor allem bei Kindern)

Ferrum phosphoricum Nr. 3

Erste Hilfe bei leichten Verletzungen: Bei Verletzungen mit Bluterguss hilft das Cremegel Nr. 3 gegen die Schmerzen, gegen den Bluterguss wirkt Nr. 11; kleine Wunden, Prellungen, Zerrungen, Entzündungen (warme, rot entzündete Stellen), pulsierende, klopfende, pochende Schmerzen, Rötungen, Abschürfungen, Gelenksentzündungen, Sonnenbrand, Verbrennungen (in Kombination mit Natrium chloratum Nr. 8)

Kalium chloratum Nr. 4

Husten (zäher, weißlichgrauer Schleim, der Fäden zieht – Hustensalbe!), Hautgrieß (Körnchen unter der Haut, die sich nicht ausdrücken lassen), Couperose, Besenreiser (durch infolge frei werdenden Faserstoffs zähes Blut – dahinter steht ein Mangel an Kalium chloratum Nr. 4 – werden oberflächliche Adern aufgedehnt), Krampfadern, weiche Schwellungen (Drüsen), Verklebungen bei frisch verheilten Wunden

Kalium phosphoricum Nr. 5

Schlecht heilende Wunden und Geschwüre mit üblem Geruch, nekrotische Wundränder (kommt häufig bei offenen Beinen vor, auch beim Wundliegen – zusätzlich mit Natrium chloratum Nr. 8 mischen), Gewebsquetschungen (in Verbindung mit Natrium chloratum Nr. 8), schwere Erschöpfung in den Muskeln (für Sportler), Überanstrengung des Herzens

Kalium sulfuricum Nr. 6

Hautpflege, Neubildung der Oberhaut, unregelmäßige Schuppen der Haut auf gelblichklebrigem Untergrund, Ekzeme, Schuppenflechte, Muskelkater, bräunlichgelber Schleim in Nase, Ohren, Neben-, Stirn- und Kieferhöhlen, Unterstützung der Bräunung, Pigmentflecken, Altersflecken, Vitiligo (in Verbindung mit Kalium chloratum Nr. 4)

Magnesium phosphoricum Nr. 7

Blitzartige, schießende, rasch die Stelle wechselnde Schmerzen (vor allem bei Koliken: Blähungskrämpfe), nervöses Hautjucken, „hektische Flecken", bei beginnender Migräne (zur

Unterstützung Schläfen und Stirn mit dem Cremegel einreiben)

Natrium chloratum Nr. 8
Verbrennungen (gemischt mit Nr. 3 gegen die Schmerzen, zur akuten Wundversorgung immer einen Brei auftragen), Knorpelprobleme (ein Mangel an Natrium chloratum Nr. 8 hat Gelenksgeräusche zur Folge), Sehnen-, Bänder-, Bandscheibenbeschwerden, Gicht, Insektenstiche (gemischt mit Calcium phosphoricum Nr. 2, bei heftigen Reaktionen zuerst einen Mineralstoffbrei auflegen), Schleimhautprobleme

Natrium phosphoricum Nr. 9
Fette Haut, Akne (vor allem die in tieferen Schichten liegenden härteren Knoten), Pickel, Abszesse, Mitesser, geschwollene Lymphknoten, rheumatische Schwellungen (vor allem der kleinen Gelenke), schlecht heilende Wunden

Natrium sulfuricum Nr. 10
Geschwollene Hände und Füße infolge Verschlackung, Bläschen (mit grünlichgelbem, wässrigem Inhalt), Sonnenallergie, Warzen

(gemischt mit Kalium chloratum Nr. 4), Herpes (gemischt mit Natrium chloratum Nr. 8 und Silicea Nr. 11), Erfrierungen

Silicea Nr. 11
Verschlossener Eiter (in Kombination mit Natrium phosphoricum Nr. 9), Falten (vor allem zur Vorbeugung), Bindegewebsschwäche, Bindegewebsrisse (Vorbeugung in der Schwangerschaft), Leistenbruch, Nabelbruch, Blutergüsse (gemeinsam mit Ferrum phosphoricum Nr. 3, das gegen die Schmerzen wirkt), nervöse Störungen (Lidzucken, zuckende Mundwinkel)

Calcium sulfuricum Nr. 12
Gicht, Rheuma, offener Eiter, Stauungen im Gewebe (Calcium sulfuricum Nr. 12 ist für die Durchlässigkeit des Gewebes zuständig), Abflussstörungen (nicht abfließende Ergüsse im Körperinneren)

(Weder Cuprum arsenicosum Nr. 19 noch Zincul chloratum Nr. 21 werden als Salben oder Cremegele angeboten und sind hier daher nicht beschrieben.)

Glossar

Adaption	Anpassung
adstringierend	zusammenziehend
Akne	entzündete Mitesser, Pickel, Pusteln
Allergen	Substanz, die allergische Reaktionen auslöst
Allergie	Überempfindlichkeit mit einer Überreaktion des Abwehrsystems
Anatomie	Lehre vom Körperbau
Antibiotika	Arzneimittel gegen bakterielle Infektionen
antibiotisch	wie ein Antibiotikum wirkend
antiseptisch	die Keimbildung hemmend
Arthrose	chronische Gelenksentzündung
Ausschlag	Ekzem, meist juckend
bakterizid	wirkt bakterienabtötend
Besenreiser	Erweiterung kleinster Venen
Dermatitis	Hautentzündung
Dermatologe	Hautarzt
Dermatologie	Lehre von der Haut und ihren Erkrankungen
Ekzem	Hautausschlag, meist juckend
Emulsion	Zweiphasensystem, meist aus Öl und Wasser; es gibt Wasser-in-Öl- (W/O) und Öl-in-Wasser-Emulsionen (O/W)
Erythem	Hautrötung
Follikel	kleiner Schlauch, Bläschen (z. B. Haarbalg)
Hydrolipidfilm	feiner Film aus Feuchtigkeit und Fett auf der Haut
Kapillaren	feinste Verzweigungen der Blut- und Lymphgefäße
Kosmetologie	Forschung für die Praxis der Schönheitspflege
Lipide	Fette
Liposom	Transportsystem für wasserlösliche Wirkstoffe in tiefere Hautschichten
Melanin	gelbbraune bis braunschwarze Pigmente, die für die Haut-, Haar- und Augenfarbe verantwortlich sind
NMF (Natural Moisturizing Factor)	Natürlicher Feuchthaltefaktor der Haut
O/W-Emulsion	Öl-in-Wasser-Emulsion (Wasser umschließt Öltröpfchen)
Ödem	wässriger Stau im Gewebe
Oxidation	Reaktion eines Stoffes mit Sauerstoff
pathogen	krankheitserzeugend

pH-Wert	Messwert für Säuren und Basen, der die Wasserstoffionenkonzentration angibt	**seborrhoisch**	mit vermehrtem Talgfluss verbunden
Prophylaxe	vorbeugend, vorbeugende Behandlung	**Sekretion**	Absonderung
psycho-	den Zusammenhang von seelischen Faktoren mit körperlichen	**Transparenz**	Durchsichtigkeit, Durchlässigkeit
somatisch	Reaktionen betreffend	**Tonus**	Spannungszustand, Elastizität und Reißfestigkeit der Gewebe
Regeneration	Wiederherstellung	**toxisch**	giftig
Resorption	Aufnahme eines Wirkstoffs	**W/O-Emulsion**	Wasser-in-Öl-Emulsion (Öl umschließt Wassertröpfchen)

Literatur

Feichtinger, Thomas; Niedan, Susana: Antlitzanalyse in der Biochemie nach Dr. Schüßler, Der Bildatlas, Karl F. Haug Verlag: Stuttgart, 2002, 2. überarbeitete Auflage

Feichtinger, Thomas; Niedan, Susana: Gesund abnehmen mit Schüßler Salzen, Karl F. Haug Verlag: Stuttgart, 2002,

Feichtinger, Thomas; Niedan, Susana: Gesund durchs Jahr mit Schüßler Salzen, Karl F. Haug Verlag: Stuttgart, 2002, 2. Auflage

Feichtinger, Thomas; Niedan, Susana, Mandl, Elisabeth: Handbuch der Biochemie, Karl F. Haug Verlag: Heidelberg, 2003, 3. Auflage

Feichtinger, Thomas; Niedan, Susana: Praxis der Biochemie nach Dr. Schüßler, Karl F. Haug Verlag: Stuttgart, 2002, 2. Auflage

Feichtinger, Thomas; Niedan, Susana: Schüßler Salze für Frauen, Karl F. Haug Verlag: Stuttgart, 2000

Feichtinger, Thomas; Niedan, Susana: Schüßler Salze für Ihr Kind, Karl F. Haug Verlag: Heidelberg, 2001

Feichtinger, Thomas; Niedan, Susana: Schüßler Salze kurz & bündig, Karl F. Haug Verlag: Heidelberg, 2001

Feichtinger, Thomas: Psychosomatik in der Biochemie nach Dr. Schüßler, Karl F. Haug Verlag: Stuttgart, 2003

Herrmann, Prof. Dr. Konrad; Trinkkellner, Ute: Dermatologie und medizinische Kosmetik, Leitfaden für die kosmetische Praxis, Berlin: Springer Verlag, 1999

Peyrefitte, Gérard u.a.: Lehrbuch Kosmetik Grundlagen Grundstoffe Grundtechniken, Bern: Verlag Hans Huber, 1. Auflage, 2001

Peyrefitte, Gérard: Lehrbuch Anatomie und Physiologie der Haut für Kosmetikerinnen Strukturen Funktionen Veränderungen, Bern: Verlag Hans Huber, 1. Auflage, 2001

Umbach, Dr. Wilfried: Kosmetik Entwicklung, Herstellung und Anwendung kosmetischer Mittel, Weinheim: Wiley-VCH Verlag, 2. Auflage, 1995

Register

A

Abnehmen und Baden 64
Akne 52, 55, 74
– Sonne 104
Aknehaut,
   jugendliche 35 f
Aktivität, körperliche 40
Akupressurmassage 46
Alkohol 17
Allergie 105
Aloe Vera 16
Aloe-Vera-Gel 69
Antlitzanalyse 44 f
Augen
– müde 56
– trockene 56
– verschwollene 54
Augenkompressen 56
Austrocknung, Folgen 33
Avocadoöl 16

B

Bäder 25
– basische 64 f, 70
Badezusatz 66
Bauch 70
Besenreiser 80, 85
Bewegung 41
Bienenwachs 16
Brei 26
– Anwendung 74 f
Brustpflege 75
Bürstenmassage 67

C

Couperose 55
Cremegele 29
– unreine Haut 52 f

D

Dekolleté 72 f
Durchblutung 34
Duschgel 62, 114
– Körper und Haare 95

E

Eigenschutzzeit, Haut 100
Entschlackung 15
Ernährung 39 f
Erschöpfung 55

F

Falten 55, 74
Faltenbildung, übermäßige
   49
Fettablagerungen 77 f
Fetthaushalt 33 f
Feuchtigkeitshaushalt 13
Feuchtigkeitszufuhr 27
Flecken
– hektische 74
– weiße 80
Flüssigkeitshaushalt 49
Fußbad 24
Füße 80
– Bäder und Packungen 83
– Hautpflegecreme 82 f

G

Gele 29
Gesichtscreme 47
Gesichtshaare 57
Gesichtskompressen 53
– Mineralstoffe 55
Gesichtsmaske 53 f
– Mineralstoffe 55
– Pigmentflecken 52
Gesichtsmassage 46 f
Gesichtsreinigung 45
Gesichtswasser 45 f

H

Haar 88 f
– Bedürfnisse 90
– dunkles, Tönung 94
– eingewachsene 55
– fette 92
– Rottönung 94 f
– trockene 91
Haarausfall,
   kreisrunder 92
Haarfarbe 88, 92
Haarpackung 93
Haarspülung 93
Haarwäsche, tägliche 62
Haarwasser, biochemisches
   88
Hals 72 f
Handbad 24
Hände 79
– Bäder und Packungen 83

– Hautpflege-
creme 82 f
– rissige 79
Haut
– allergische 38 f
– Aufbau 21 f
– Aufgaben 22
– empfindliche 38
– faltige 37 f
– fettarme 36
– – spannende 49
– fette 35
– feuchtigkeits-
arme 36
– grobporige 37
– normale 35
– schuppende 37
– Tiefenreinigung 65
– trockene 36, 55
– unreine 52
– welke 37
Hautalterung
– frühzeitige 38
– Sportler 11
Hautbräunung 99 f
Hautgrieß 55, 74
Hautpflege 112 ff
Hautschutz 101
– Sport 11
Hauttypen 34
Henna 94 f
Herpes 104
Hornhaut 82

J
Jahresrhythmus 15
Jojobaöl 16

K
Kind, Sonnenschutz-
präparat 103
Kopfhaut 95
Körper, Regenerations-
fähigkeit 14
Körpercreme 73
– straffende 70
Körpergeruch 63
Körpermasken 54
Körperpflegecreme 69
Kosmetik 10
– Inhaltsstoffe 11
– natürliche 13
Kreislauf 22

L
Lichtschutzfaktor 102
Lipom 77
Lippen, rissige 57
Lippenbalsam 15, 57
Lippenfältchen 58
Lotion, feuchtigkeitsspen-
dende 69

M
Mann, Hautpflege 110 ff
Massage 71
Massageöl 114
Mineralstoffcreme, Umstei-
gen 50
Mineralstoffe 117 f
– Auflegen 25 f
– Übersicht 22 f
Mineralstoff-Gesichtscreme
112
Mineralstoffmangel 14

Mineralstoff-Massageöl 72
Mineralstoff-Zahnpasta 58
Mischhaut 36, 55
Mitesser 55
Mundgeruch 59
Mundwinkel, eingerissene 57
Muskelkater 11
Muttermal 52, 74

N
Nachtcreme 50
Nägel 80, 83
Narben 55, 74
Nervenleitungssystem 22

O
Olivenöl 16
Ölpackung, Haare 92
Ozonschicht 98

P
Pflege, altersgemäße 18 f
Pickel 74, 77
Pigmentflecken 51 f, 55, 74
Po 70
Polyethylenglykole 17
Poren, große 55
Prellungen 27
Problemhaare 90

R
Rauchen 17
Reflexzonenmassage 80
Reflexzonentherapie 24
Reinigung 39
Rosazea 104
Rücken 77, 79

S
Salben 27
Salbenverband 28
Sauna 67
Saunacocktail 67
Säure-Basen-Haushalt 40
Säureflecken 74
Schadstoffablagerungen 77 f
Schadstoffe 17
Schlaf 19
– elektromagnetische Belas-
   tung 19
– Schnelltest 20
Schlupflider 57
Schönheitsideal 10
Schönheitspflege, ganzheitli-
   che 12
Schuppen 91
Schweißfüße 85
Schwitzen 63 f

Sheabutter 16
Sonne 17
– Vorbereitung 100
Sonnenallergie 104 ff
Sonnenbad, Pflege danach
   106
Sonnenbrand 100 f
Sonnenkapital 103
Sonnenlicht 99
Sonnenstrahlung 98
Sport 110
Spülung, aufhellende 94
Stoffwechseltee 116

T
Tränensäcke 54 f
– geschwollene 56
Triethamolamin 17
Trinken 32
Trinkwasser, natürliches 33

U
UV-Strahlung 98 f

V
Varizen 85
Verbrennung 27
Verletzung 11
– akute 26
Verspannungen 78
Vollbad 64

W
Warzen 74
Waschungen 25
Wellness 67

Z
Zähne 58
Zerrung 27

Die Autoren

Mag. pharm. Susana Niedan-Feichtinger

Biochemie nach Dr. Schüßler, Blütenessenzen
nach Dr. Bach, Hausapotheke, Naturheilwei-
sen, Inhaberin der Adler-Apotheke und der
Adler Pharma.
Brucker Bundesstraße 25A
A-5700 Zell am See
Telefon: 0043/(0) 65 42/55 04 4
Fax: 0043/(0) 65 42/55 04 44
E-Mail: susana.nf@adler-pharma.at

Thomas Feichtinger

Brucker Bundesstraße 25A
A-5700 Zell am See
Telefon: 0043/(0) 65 42/55 04 411
Fax: 0043/(0) 65 42/55 04 44
E-Mail: Thomas.f@sbg.at

Vorträge, Seminare, Ausbildung, Auskünfte

Gesellschaft für Biochemie nach Dr. Schüßler
und Antlitzanalyse (GBA)
Brucker Bundesstraße 31
A-5700 Zell am See
E-Mail: gba@sbg.at

Auskünfte zum Bezug der angeführten Produkte

Adler Apotheke
www.adlerapotheke-zellamsee.at
E-Mail: adler-apotheke@schuessler-
mineralstoffe.at
Telefon: 0043/(0) 65 42/57 382
Fax: Durchwahl 7

Adler Pharma®

Die Adler Pharma ist ein Arzneimittelgroß-
handel und spezialisiert auf die Biochemie
nach Dr. Schüßler und die Produktion von
Mineralstoff-Salben, - Gelen und -Cremegelen
sowie von Mineralstoff-Körperpflegeproduk-
ten. Eine umfangreiche Informationsplatt-
form zur Biochemie nach Dr. Schüßler bietet
Ihnen die Homepage der Adler Pharma:
www.schuessler-mineralstoffe.at
E-Mail: adler-pharma@schuessler-
mineralstoffe.at
Telefon: 0043/(0) 65 42/55 04 4
Fax: 0043/(0) 65 42/55 04 44

UNSER LESER-SERVICE FÜR SIE

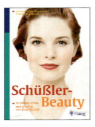

Liebe Leserin, lieber Leser,

wir freuen uns, dass wir Ihnen mit diesem Buch weiterhelfen konnten. Fragen zum Inhalt dieses Buches leiten wir gern an die Autorin oder den Autor weiter.

Auch Anregungen und Fragen zu unserem Programm wie auch Ihre Kritik sind uns herzlich willkommen!

Denn: **Ihre Meinung zählt.**
Deshalb zögern Sie nicht – schreiben Sie uns!

Ihre

Dr. Elvira Weißmann-Orzlowski

▌ Adresse:	Lektorat Haug Verlag
	Postfach 30 05 04
	70445 Stuttgart
▌ E-Mail Leserservice:	heike.bacher@medizinverlage.de
▌ Fax:	0711-8931-748

Gesundheitsvorsorge mit Mineralstoffen nach Dr. Schüssler

Cremegele, Gele und Salben
Mineralstoff-Körperpflegeserie

Adler Pharma

Mag. pharm. Susana Niedan

Brucker Bundesstraße 25A
A-5700 Zell am See
Tel. 0043 (0) 6542 / 55044
Fax: 0043 (0) 6542 / 550444
e-mail: adler-pharma@schuessler-mineralstoffe.at
www.schuessler-mineralstoffe.at

Natürlich sanfte Heilkraft für Sie und Ihr Kind

148 Seiten, 9 Fotos
€ 14,95 [D] / CHF 25,90
ISBN 3-8304-2094-0

- Gesundheit für Körper und Seele.
- Nutzen Sie die richtigen Mineralstoffe für alle Lebensphasen und Zyklen.
- Problemlos und leicht anzuwenden: Mit praktischem Anwendungsteil.

128 Seiten, 10 Fotos
€ 12,45 [D] / CHF 21,90
ISBN 3-8304-2046-3

- Sichern Sie die gesunde Entwicklung Ihres Kindes.
- Beugen Sie Mangelerscheinungen gezielt vor und unterstützen Sie Ihr Kind sanft durch die richtigen Mineralstoffe.
- Ohne Risiken und Nebenwirkungen: Die Schüßler-Salze eignen sich problemlos für den Hausgebrauch.

112 Seiten
€ 6,45 [D] / CHF 11,60
ISBN 3-8304-2054-4

- Der praktische Mini für die Handtasche.
- Für zu Hause, im Büro oder auf Reisen: Hier finden sie schnell die richtigen Mineralstoffe.
- Mit Indikationsregister für alle Beschwerden von A – Z.

MVS
Medizinverlage Stuttgart
Postfach 30 05 04
70445 Stuttgart
www.haug-gesundheit.de